中国語　未知との遭遇

相原茂

現代書館

中国語　未知との遭遇　＊目次

第三章　日中いぶこみの影 ……………… 171

本文・扉挿画　相原　茂

第一章　中国語を考える

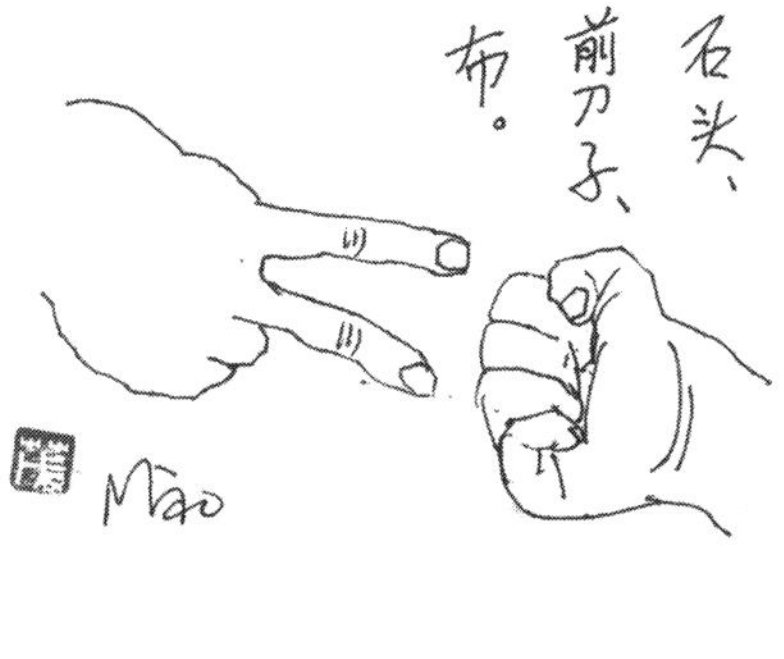

未知との遭遇

学習者とのツアー

ある旅行社の企画で「二泊三日　北京天津スペシャルツアー」なるものに出かけた。何といっても「中国語学習者」が参加している、というのが最大の特徴なので、ガイドさんのガイドぶりが違っていた。もちろん基本は日本語で案内するのだが、ところどころ中国語を交える。ある語を中国語ではどう言うか聞いたりする。逆にこの中国語はどういう意味かと尋ねる。さらには外国語学習の心構えを説いたりする。参加者は結構勉強になったのではないか。

私もハッとさせられたことがあった。

二日目のお昼は〝海碗居〟Hǎiwǎnjū というところでおいしい担々麵を食べたのだが、この店の名前、なぜ〝海碗〟と言うか。この〝海〟は〝大〟dà という意味で「大きなお碗」ということだ。さらにガイドさんは〝海量〟hǎiliàng（酒量が大きいこと）という単語を紹介し、もう一つ

〝海报〟hǎibào にまで言及された。〝海报〟とは「ポスター」のことだが、ポスターも大きな広告だ。「大きな知らせ」、それが〝海报〟の原義だ。これは私は気がつかなかった。

帰国してから講談社から出す「新語」の原稿をチェックしていたら〝海投〟hǎitóu という語にぶつかった。意味は「昨今の就職難で、求職者が履歴書を手当たり次第に、会社に大量に送付する」こと。ここでの〝海〟も「大量」ということで同じ用法だ。

さらに〝海投〟hǎitóu の〝投〟tóu も面白い。〝扔〟rēng では「ほうり投げる」みたいだし、〝射〟shè では勢いよく発射するようだ。ここは履歴書を送りつけるのだから、やはり〝投稿〟tóugǎo の〝投〟がふさわしい。こういう動詞類も一種の類義語感覚が働いているわけで、いつか取り上げてみたい類義語セットだ。

新語は二度おいしい

新語は面白い。講談社のそれは『講談社中日辞典』の購入者にネット上で年に三回新語流行語を提供するものだが、それをチェックするのも実のところ私の楽しみだ。いろいろな発見があるからだ。

例えば〝粉丝〟fěnsī は英語 fans からきていて「ファン」という意味だが、〝粉丝〟に刺激されて〝钢丝〟gāngsī という語が生まれた。正確には〝钢丝〟に新語義が生まれたというべきだろう。もともとは「鋼線、スチールワイヤ」だが、〝粉丝〟の上をゆく「熱狂的なファン」という意味だ。さらに〝铁丝〟tiěsī（鉄線、針金）という語もある。これも同じような意味になるのだが、中国語感覚から言えば〝钢丝〟と〝铁丝〟、どちらが上なのだろうか。

ともあれ、〝粉丝〟、〝铁丝〟、〝钢丝〟と並べてみると、〝丝〟そのものが一つの意味を持ちはじめていることに気がつく。もともと fans → 〝粉丝〟という音訳成分に過ぎなかったものが形態素（最小有意味単位）となる現象は、これから注目される研究テーマである。

これとよく似た形態素に〝迷〟がある。〝足球迷〟だと「サッカーファン」であり、〝戏迷〟なら「芝居好き」だ。二つの違いは明らかで、〝丝〟のほうは「個人の熱烈な崇拝者、ファン」であり、〝迷〟のほうは娯楽、スポーツなどのカテゴリーの愛好者と個人向けファン（たとえば〝华仔迷〟Huázǎimí ならアンディ・ラウのファン）との両方を指す。

こういうのは一種の類推によるものだが、中国語では類推による語彙の増加はバカにできない。例えば〝月光族〟yuèguāngzú というのは周知のように、「給料を一カ月で全部使ってしまう人々」のことだが、一週間で使い果たす人だっている。それは〝星光族〟xīngguāngzú という。

〝星〟xīngとは〝星期〟xīngqī（週）のことだ。〝月〟を〝星〟に置き換えたわけだ。こんな人は給料を使い切った月の残りはクレジットカードで買い物をしたりして、赤字に違いない。それを〝月赤族〟yuèchìzúという。〝光〟なら「すっかり使い切る」だが、〝赤〟なら〝赤字〟chìzìだからもっとひどい。こんなふうに、言葉が類推によってどんどん増殖してゆく。

類推と並んでよく使われるのが「対感覚」だ。〝黑客〟hēikèといえば「ハッカー」だが、〝黑〟の対義語である〝红〟を使った〝红客〟hóngkèという語がある。今をときめく「愛国ハッカー」だ。〝黑哨〟hēishàoとは「黒い笛」のことで、これはサッカーのレフリーによる不正判定のことだが、逆に正しい判定を表す言葉〝红哨〟hóngshàoが生まれた。いずれも〝黑〟のほうが先にあり、後から〝红〟のほうができたものだ。

〝辛拉面〟とかけてその心は？

こういうのも漢字からなる中国語の単語、その一字一字をきちんと見ているからだ。中国語は一字一字の意味をきちんととらえる、そういうところがある。それで面白い新語にぶつかった。〝辛拉面〟xīnlāmiànというのだが、これは「ピリ辛ラーメン」というインスタントラーメンだが、これが就職活動で「なんとか苦労して面接まで漕ぎつけようと努力をする」意味で使われる。何故か。〝辛〟xīn と〝拉〟lā と〝面〟miàn をこんな風に分けて解釈している。

辛辛苦苦　　　〝拉〟来　　　面试的机会

（なんとか苦労して　引っ張り寄せる　面接のチャンスを）

中国の大学生はいま就職難、それこそ〝海投简历〟hǎitóu jiǎnlì（履歴書を大量に送りつけ）ても〝杳无音讯〟yǎo wú yīnxùn（杳として音信なし）である。そこで自己推薦状を乱発して〝辛辛苦苦〟〝拉〟来面试的机会〟xīnxīnkǔkǔ lālai miànshì de jīhuì というわけだ。キャンパスで卒業間近の学生が顔を合わせるとどちらからともなく、

〝你还在辛拉面吗？〟Nǐ hái zài xīnlāmiàn ma?

（まだ就活やってるかい？）

と近況を探り合うという。

北京の横町で〝淡定〟と遭遇

最後に〝淡定〟dàndìng という単語を取り上げたい。これは新語ではないが、辞書には出ていない。ところがあるお店で目にした。

海碗居で担々麺を食べてから、北京の〝南锣鼓巷〟Nánluógǔxiàng という若者が集まるちょっとしゃれた横町を訪れた。そこにはいろいろな小物を売っているお店が並んでいるのだが、その中の一軒で見かけた。よくふざけて「模範パパ」とか「わが最愛の人」などというワッペンが売られていることがあるでしょう。そんな中に〝最淡定的人〟zuì dàndìng de rén というのがあったのである。

ツアーに参加した人から「先生、これはどういう意味ですか」と聞かれ、答えられなかった。「私がわからないのだから、これはきっと方言で、最近流行りだしたことばでしょう」などと苦しい回答をしたが、正直わからなかった。

〝最淡定〟というぐらいだから形容詞である。形容詞でこんな風に使われていて、それがわからないということはただ事ではない。名詞なら最近新しくできた造語ということもあるが、どう見ても形容詞である。日本語でも形容詞が新しく生まれるなどということはまずない。で、今回ツアーに同行した二人の中国人に聞いてみると、共に知っているというではないか。答えを先に言ってしまうと、〝镇定从容〟zhèndìng cōngróng（沈着冷静、従容としている）というぐらいの意味で、広州語ではよく使うらしい。広州語から共通語に入ってきたものだろう。中国の〝百度百科〟Bǎidù bǎikē では「泰山が目の前で崩れても顔色を変えないほどの沈着冷静さ」と定義されていた。許地山や欧陽山の文章が使用例として引かれているから新語ではないことがわかる。ともあれ最近よく使われているらしい。こういうことも今はネットで簡単に調べられるから便利になった。

ともかく、旅行をすると、必ず中国語の新しい表現にぶつかる。私ぐらいの歳になると、わからない単語にぶつかることがむしろうれしい。それをまたネットで検索すると大体のところが簡単にわかる。それがまたありがたい。

「フタ開け族」現る

〝您好吗？〟と言ったつもりが

「お元気ですか」は何と言うか。さすがに、これはやさしいか。

您好吗？　Nín hǎo ma?

私が学生のとき、陳東海先生という北京出身の先生がおられた。〝您好吗？〟という文を見ると、その先生の言われたことを思い出す。曰く：

「みなさんの〝您〟は nín ではなく、níng です。みなさんは〝Níng hǎo ma?〟と言っているのです。これでは〝您好吗？〟ではなくて、〝拧好吗？〟ということで、「つねってもよいですか」という意味になります。私、つねられるのはいやですよ」

こう言いながら、先生は最後に身をくねらせて、どこかをつねられたようなくすぐったいそぶりをして後ずさりされた。先生は身長もあり、恰幅がよかったが、その先生がこの時ばかりはその表情もどこか子どもっぽく身をくねくねさせて、ひどくおかしかった。冗談なんかに出会うことのほとんどない学生時代だったので、こんな小さな冗談でもよく覚えている。

これは要するに、-n と -ng の混同だ。日本語には -n と -ng の区別がないので、よほど気をつけないとうっかりする。こんな小咄もある。

北京でタクシーに乗り込んで、天壇に行こうとして、

去天坛。Qù Tiāntán.

と言うべきところ、〝坛〟の n と ng を間違えると

去天堂。Qù Tiāntáng.

になってしまう。「天国に行ってくれ」じゃ、運転手さんもギョッとするだろう。

「フタ開け族」現る

話は〝拧〟níngにもどるが、〝拧〟を使った最近の流行語に〝拧盖族〟nínggàizúというのがある。「蓋開け族」とでも訳しておこう。〝拧〟は今度は第3声で蓋をひねるのである。「つねる」時は〝拧〟níngと2声だが、「蓋をひねる」ときは〝拧〟nǐngと第3声になる。

中国ではみなさんもご存じのように販売促進活動が盛んだ。〝买三赠一〟mǎi sān zèng yīなどという表現にぶつかったことがあるだろう。「三つ買うと一つおまけ」という意味だ。ふつうは三つもいらない。しかし二つなら買ってもよいかと考える。そうしたらそばにいる赤の他人を巻き込む。「あんたも買うか、私も買う。一緒に買おう」そう言って、二人で臨時のタッグを組む。このあたり、たくましい経済合理主義に富む中国人らしい。

一方「蓋開け族」の話だが、これは最近よくある当たり付きの飲料に関わる。蓋の裏に〝再来一瓶〟zài lái yì píng（もう一瓶）とあれば当たりだ。それをあらかじめ知ろうとして、なんとこっそり蓋を開けてしまう輩がいる。それが〝拧盖族〟というわけだ。

さて、その開け方だが、〝拧〟nǐngという動詞を使っているから「ひねって」開けるタイプだ。〝拧〟は「ひねる」のが基本義だ。興味深いのは「ひねって開ける」のか「ひねって閉める」のかは何も言っていないという点だ。〝拧〟した結果「開く」のなら、〝拧开〟nǐngkāiという。

你替我把这瓶子拧开，好不好？ Nǐ tì wǒ bǎ zhè píngzi nǐngkāi, hǎo bù hǎo?

（この瓶あけてくれない？）

〝拧〟しても「開かない」のなら、〝拧不开〟nǐngbukāiと可能補語の否定形になる。

盖儿太紧，拧不开了。Gàir tài jǐn, nǐngbukāi le.

（蓋がきつくて、あかないよ）

逆に「このキャップをしめて」なら〝拧紧〟を使うことになる。

你替我把这瓶子拧紧。Nǐ tì wǒ bǎ zhè píngzi nǐngjǐn.

（ねえ、この瓶閉めて）

というわけで理屈を言えば〝拧螺丝〟nǐng luósī では、果たしてネジを締めるのか、ゆるめるのかわからないわけだ。〝拧〟は「ねじる、ひねる」であるから、方向性については何も語らない。

卡罗拉车胎螺丝向哪个方向拧才松？
Kǎluólā chētāi luósī xiàng nèige fāngxiàng nǐng cái sōng?
（カローラのタイヤのネジはどっちの方向にねじるとゆるくなるのか？）

ただし、〝拧手巾〟nǐng shǒujīn と言えばこれは「ハンカチを絞る」ことになるだろう。ハンカチは普通は平坦な状態にあるから、これを〝拧〟するといえば「ぎゅっと絞る」ことになる。ちなみに次の例のように、〝拧〟した結果は〝紧〟か〝松〟である。〝松〟が最終段階に至れば〝开〟ということになる。

摩托车放机油口的螺丝往哪边拧是紧？
Mótuōchē fàngjīyóukǒu de luósī wǎng nèibiān nǐng shì jǐn?（オートバイの給油口のキャップは

どっちへ回すときつくなるの？）

ところで飲料水の蓋はひねるタイプばかりではない。キャップを引っ張ってはがすタイプもある。こちらには〝拧〟という動詞はふさわしくない。というわけで〝拧盖族〟níngàizú の他に、〝揭盖族〟jiēgàizú という言い方も生まれている。〝揭〟jiē はポスターをはがしたり、鍋の蓋を開けたりするときに使われる動詞だ。

こういうふうに動詞が肝腎だ。動詞が肝腎だから、いちいち言い換えなければならないという面倒くささもある。日本語ならどちらも「蓋開け族」で間に合う。日本は結果を言うからだ。「ひねり開け族」だの「はがし開け族」だのと言い分ける必要はない。

逆に中国語では動詞を省けない。動詞が肝腎要となる。だから、中国語で話しているときは、しょっちゅうふさわしい動詞のことを考えているような気がする。具体的な動作を思い浮かべ、もっともふさわしい動詞は何かに気を遣うという感じがある。

例えば「カーテンを開ける」なら〝拉开窗帘〟lākāi chuānglián のように動詞は〝拉〟lā を使う。「口を開ける」と「目を開ける」でも違ってくる。

口を開ける　張开嘴 zhāngkāi zuǐ
目を開ける　睁开眼睛 zhēngkāi yǎnjing

日本人の学習者は「口」は〝嘴〟と言うことは知っている、「目」を〝眼睛〟と言うことも知っている。だが肝腎の動詞に注意を払わない。特にこういう場合に動詞が出てくることをうっかりしてしまう。そのため、私はよく顰蹙覚悟で「ほらほら、動詞はどうした?」とダジャレを飛ばすことになるのだ。

このほかにも「窓を開ける」や「引き出しを開ける」がある。これらはともに〝打开〟dǎkāiを使う。〝打〟というのは実に使いでのある動詞だ。この機会に数分時間を割いて辞書を引いてもらいたい。

窓を開ける　打开窗户 dǎkāi chuānghu
引き出しを開ける　打开抽屉 dǎkāi chōuti

かなりいろいろなものに〝打〟は使えるが、それで万能かと頼り切るわけにもゆかない。次のような場合はまた違う動詞の助けがいることになる。

手紙を開ける　拆开信　chāikāi xìn
九ページを開ける　翻开第9页 fānkāi dì jiǔ yè
布団を開ける　掀开被子　xiānkāi bèizi

いかに中国語が動詞にこだわっているかがわかる。ということで次は駄作だが、

中国語　財布忘るも　動詞忘るな

【練習】動詞はどうした?（　）内にふさわしい動詞を入れ、日本語と比較してみよう。

1．我喜欢（　）肉。
私は肉が好きです。
2．我忘了（　）钱包。
財布を忘れた。
3．请（　）茶。

お茶をどうぞ。
4. 大姐，（　）两瓶啤酒。
お姉さん、ビール2本。
5. 我好像（　）错路了。
どうやら道を間違えたらしい。
6. 对不起，我（　）晚了。
遅れてごめん。
7. 这个送给你（　）纪念吧。
これを記念にあげましょう。
8. 花坛里（　）满了花草。
花壇を花で一杯にする。
9. 这个表（　）得准不准？
この時計は合っていますか。
10. 现金大部分（　）完了。
現金はほとんど尽きてしまった。

答え：

1. 吃　2. 带　3. 喝　4. 来　5. 走　6. 来　7. 做　8. 种　9. 走　10. 用、花

ぞくぞく増殖中――啃老族　啃嫩族　啃亲族　海囤族　海豚族

〝啃老族〟kěnlǎozú は「親のスネかじり族」だった。〝老〟lǎo の反対は〝嫩〟nèn である。それがわかれば、〝啃嫩族〟kěnnènzú のほうは親が子どもに頼るということ。では〝啃亲族〟kěnqīnzú の〝亲〟qīn は誰か。中国語の〝亲〟は〝親戚〟qīnqi である。裕福な親戚も狙われる。

物価上昇が激しい中国では、我が身を守るべく、値上がり前に生活物資を大量に買い込み、そしてストックしておく。積み上げておくのは〝囤〟tún だ。ものを海のように山のように大量に買い込む、それが〝海〟hǎi だ。あわせて〝海囤〟hǎitún となるが、もちろんこれは〝海豚〟hǎitún（イルカ）を連想させる。事実〝海囤族〟hǎitúnzú のことを〝海豚族〟とも書く。

発音をめぐって――《现代汉语词典（第6版）》

先頃、《现代汉语词典》が大幅改訂された。第6版である。

この辞書は言うまでもないことだが、現代中国語の語彙や発音のよりどころである。教師は他の辞書はともかく、この辞書が出たら必ず購入する。何か疑問があったときはこの辞書を引く。他の辞書でどう記述していようと「现代汉语词典にこう出ていました」と言えば許される。それほど権威がある。

学校の試験や検定なども最終的にはこの辞書における語彙や発音の記述を無視することはできない。特に、基本的な語彙の発音などを出題するような試験や検定では、この辞書の改訂には無関心ではいられまい。それほど重要な辞書ではあるが、どこがどう改訂されたのかは、容易にはわからない。なにしろ分厚い辞書である。誰も通読などしないし、できない。若手の研究者の中には、その体力に物を言わせてこつこつ旧版と対照して、年度末の大学の紀要論文に間に合わせたりする人もいるようだが。

私は若手でもないし、体力もない。ただ時間はある。加えて《现代汉语词典》の改訂に大いに興味をもっているもう一群の人々がいる。それは日本で中国語辞典を出している出版社の編集部である。今回は講談社辞書編纂グループからの情報を参考に、改訂された《现代汉语词典》の、主にピンイン部分について、特に発音について話をしたい。

中国語において、発音は非常に重要である。ことばであるから音が命であるのは当然のことだが、中国語に関しては音の重要性はいくら強調してもし過ぎるということがない。特に「声調の違い」だ。声調が違えば全く別語になってしまうのだ。

その声調が、時に曖昧で揺れがあるというのだから、これは実に困る。われわれ教師は、辞書に記述してあることと、実際に話されている音声との乖離、ズレを知っているものだから、今回のような大幅な改訂があると、「あの語の発音表記はどうなったかな」と、まずは〈困りもの〉の単語を引いてみるのである。

より話ことばを反映

〈困りもの〉というのは例えば〝打的〟である。街中では誰もが dǎdī と言っているのに、辞書の中では dǎdí である。口語での〝的〟の第1声は認められなかった。確かに〝的〟には dí、dì、 de、という音はあるが、dī なんて音は初耳だ。こんなのを認めるわけにはゆかない、という声も理解できる。しかし、事実としてみんな dǎdī と言っているのだ。

あるいは〝拜拜〟もそうだ。「バイバイ」という英語由来の語だが、これもみんな báibái と第2声で言っている。ところが〝拜〟に第2声の音はないものだから、bàibài と標音していた。これも事実と違い〈困りもの〉だ。今回は、この二つが解消され、記述は次のようになった。

〈第6版〉〈第5版〉

【打的】dǎ//dī ← dǎ//dí　（注）// は他の要素の介在を許すマーク

【拜拜】báibái ← bàibài

これに関連する語、例えば「マイクロバスを使った集合タクシー」も〝面的〟miàndī となった。いずれも、実際の話ことばの現状を反映したと言える。

話しことばの実際を反映したものとしては、やはり気になる発音の一つ〝主意〟（考え、アイデア）も改善された。これは次のような表記になった。（←の後は第5版の記述を表す）

【主意】zhǔ·yi（口语中也读 zhú·yi）← zhǔ·yi　（注）・は後ろの音が軽声を表す

【馊主意】 sōuzhǔ・yi（口语中也读 sōuzhú·yi）← sōuzhǔ·yi

「口語では○○とも言う」という但し書きがつき、巷間で行われている発音 zhúyi も承認されたのである。

さらに、〝会儿〟がある。北京の人の発音では huǐr と第3声が一般的であった。

【会儿】 huìr（口语中也读 huǐr）← huìr

これも口語の発音として認められ、辞書に載ることになった。この音が関わる語は意外に多く、以下のようなものがある。

【一时半会儿】 yīshí-bànhuìr（口语中也读 yīshí-bànhuǐr）← yī shí bàn huìr
【一会儿】 yīhuìr（口语中也读 yīhuǐr）← yīhuìr
【有会子】 yǒu huì·zi（口语中也读 yǒu huǐ·zi）← yǒu huì·zi
【那会儿】 nàhuìr（口语中也读 nàhuǐr）← nàhuìr
【哪会儿】 nǎhuìr（口语中也读 nǎhuǐr）← nǎhuìr

【会子】huì·zi（口语中也读 huì·zi）→ huì·zi
【这会儿】zhèhuìr（口语中也读 zhèhuìr）→ zhèhuìr
【多会儿】duōhuìr（口语中也读 duōhuìr）→ duō·huìr

さらに次も同様で〝正经〟zhèngjǐng が認められた。

【正经】zhèngjing（口语中也读 zhèngjǐng）→ zhèng·jing
【正经八百】zhèngjīng-bābǎi（口语中也读 zhèngjǐng-bābǎi）→ zhèngjīng-bābǎi
【一本正经】yīběn-zhèngjīng（口语中也读 yīběn-zhèngjǐng）→ yīběn-zhèngjīng

さすがに電話で「もしもし」というときの〝喂〟wéi は認められなかった。あれは相手に問いかける疑問の文音調という解釈なのだろう。

その場かぎりの音

正規の発音と口語音との争いは常にあった。例えば〝绿油油〟（つやつやとした濃い緑のさま）は本来の読み方は lǜyóuyóu である。しかし口語では後半は第1声になり lǜyōuyōu のようになる。

これをどう辞書の上で表すか。正規の原声調を活かせば、実際に巷で話されている音をないがしろにすることになる。かといって lǜyōuyōu を辞書に表示すれば〝油〟に新たに yōu という音をこれだけのために認めるのか、ということになる。ABB型形容詞をめぐる、この問題は実はすでに前回の版で解決された。ご覧のように第6版は前回の方式を引き継いでいる。

第6版：【绿油油】lǜyóuyóu（口语中也读 lǜyōuyōu）
第5版：【绿油油】lǜyóuyóu（口语中也读 lǜyōuyōu）
第4版：【绿油油】lǜyōuyōu

つまり、正規音とは認められないものは辞書の第1表示音とはしないが、但し書きの中で口語音として認めるというやり方である。かつ、口語音はその場限りの臨時的なもので「又音」としては認めないという方式である。以下における〝流〟の liū や、〝月〟の yào、〝早〟の zāo、〝好〟の hāo なども辞書において「又音」としては認められない。

【二流子】èrliú·zi（口语中也读 èrliū·zi）← èrliú·zi
【蜜月】mìyuè（口语中多读 mìyào）← mìyuè

【早早】zǎozǎo（口语中多儿化，读 zǎozāor）→ zǎozāor
【好好】hǎohǎo（口语中多儿化，读 hǎohāor）→ hǎohāor

ただ、すべてがそうではない。口語音でも「又音」として認められているものももちろん存在はする。〝色〟を shǎi と読むケースである。

【退色】tuì//sè（口语中也读 tuì//shǎi）→ tuì//shǎi
【褪色】tuì//sè（口语中也读 tuì//shǎi）→ tuì//shǎi

これ以外にも、常用語で発音表示が変化したものを挙げておこう。これらは明日にでも教学の場で必要な情報になるからである。

【别人】bié · rén → bié · ren
【合同】hé · tóng → hé · tong
【胡同】hútòng → hú · tòng
【逻辑】luó · jí → luóji

〔注〕・があり、後に声調がついているのは、「軽声に読まれるが、時に重読もされる」という意味

【棉花】mián・huā←mián·hua
【年月】niányuè←nián·yue
【烧卖】shāomài←shāo・mai
【生日】shēngrì←shēng・rì
【书记】shūjì←shū·ji
【小姐】xiǎojiě←xiǎo·jiě
【学生】xué・shēng←xué·sheng
【愿意】yuànyì←yuàn·yì

これらから大きな傾向として、「軽声から原声調へ」という流れが見られる。とくに〝学生〟をはじめとして〝別人〟、〝合同〟、〝棉花〟、〝烧卖〟、〝书记〟、〝小姐〟などいずれも教員にとっても要注意であろう。われわれの頭の中にはすでにこれらは末尾が軽声という情報がすり込まれているからである。

いくつかの規則性

「軽声から原声調へ」という傾向に、規則性は見られないのか。いくらか言えそうなことがないわけではない。例えば〝好处〟〝坏处〟などという場合、後ろの〝处〟はその多くが軽声であった。それが今回は重読に変化している。常用語だけでもかなりの数になる。

【好处】hǎochù ← hǎo · chu
【坏处】huàichù ← huài · chu
【长处】chángchù ← cháng · chu
【短处】duǎnchù ← duǎn · chu
【害处】hàichù ← hài · chu
【苦处】kǔchù ← kǔ · chu
【难处】nánchù ← nán · chu
【益处】yìchù ← yì · chu
【用处】yòngchù ← yòng · chu
【住处】zhùchù ← zhù · chù

次の4語も常用語である。私はテキストなどを作るときによく〝看见〟kànjian のように後ろは軽声にしていた記憶があるが、これからは原声調にすることになるだろう。

【看见】kàn//jiàn ← kàn//·jiàn
【瞧见】qiáo//jiàn ← qiáo//·jiàn
【听见】tīng//jiàn ← tīng//·jiàn
【遇见】yù//jiàn ← yù//·jiàn

また以下の〝面〟はすべて重読になった。これまでは【上面】shàng・miàn のように、軽声だが、時に重読も可、とされていたものである。

【上面】shàngmiàn ← shàng・miàn
【下面】xiàmiàn ← xià・miàn
以下類例：外面　里面　前面　后面　东面　南面　西面　北面　左面　右面

また、〝木匠〟（大工）とか〝皮匠〟（皮職人）というときの〝匠〟も、これまでは軽声で言われるのが通常であったが、次のように重読でもよいとされている。

【木匠】mùjiàng ← mù·jiang
以下類例：皮匠　铁匠　瓦匠　锡匠　鞋匠

以下の〝里〟もこれまでは軽声とされていたが、重読も認められた。

【心里】xīn·lǐ ← xīn·li

以下類例：暗地里　八下里　话里有话　头里

以上、軽声から原声調へという大きな傾向を見てきたが、もちろん、この反対の例も少なからず存在する。原声調から軽声へ、というケースである。

【宝宝】bǎo·bao ← bǎo・bǎo

【葡萄】pú·tao ← pú・táo

【熟悉】shú·xi ← shú・xī

【太阳】tài·yáng ← tàiyáng

ある幅をもって揺れ動いている発音、その実際をどうすくい取って辞書における表記や記述に反映させるか、今回もその難しさがうかがえる改訂であった。

ピンイン――付けるか離すか？

中国語は漢字で書き表される。漢字は音を直接的には表さない。要するにどう発音すべきかわからないので、ここでピンインの登場となる。

このピンイン表記、ただ漢字にその発音を付ければよいというものでもない。基本は「単語は連写」、「フレーズは分写」というものだ。例えば、「車を運転する」は中国語では〝开车〟という。これをピンインでどう書くか。一つの単語であればkāichēと連写にする。いや、これはフレーズだと思えばkāi chēのように離して表記する。こちらが分写である。

では連写にするか、分写にするかはどうやって決めるか。これは単語の認定の問題で、なかなか厄介である。人によって、あるいは学者によってそう大きな齟齬はないのだが、今例に挙げた〝开车〟などはちょっと決めにくい。単語とも考えられるし、フレーズのような気もする。

そんなときはやはり「《现代汉语词典》を引け！」である。これは〝词典〟cídiǎn である、つまり単語が載っている辞書である。だから〝开车〟がここにあれば、当然ピンインでの発音表記も出ている。おそらく連写になっているはずだ。もし、この〝开车〟がなければそれは単語ではない。〝开〟+〝车〟のフレーズであり、意味も二語の単純な和で導き出せる。わざわざ辞書に載せるまでもない、と考えていることになる。

で、実際に《现代汉语词典》を引いてみると、第6版であるが、ちゃんと出ている。これでまあ安心して〝开车〟に kāichē とピンインを付けることができる。

(ちなみに、「料理を注文する」という意味の〝点菜〟を引いてみると、これは辞書に出ていない。単語ではなくフレーズ扱いをしていることがわかる。ただ、日本人のために辞書を編むとしたら、私はこういうのは単語扱いにして見出しを立てたいと思う。)

ただし、実際のところ辞書の発音表示は kāi//chē のようになっている。kāi と chē の間に//が入っている。これは「間に他の要素が入り込むことがありますよ」というマークである。確かに〝开车〟kāichē は〝开了车〟kāile chē とか〝开过车〟kāiguo chē〝开过他的车〟kāiguo tā de chē

のようになることがある。単語なのに、その結びつきはゆるやかで、他の要素の介在を許すのだ。

このように単語なのに間が裂かれて離れたり、合体したりする語を「離合詞」と呼んでいる。ただ、ふつう教科書や参考書で単語にピンインを付ける場合はダブルスラッシュ//を付けるまではしない。〝开车〟なら単にkāichēとするだけだ。

以上見てきたように、中国語の文や単語、フレーズにピンインを付けるというのは、結構気を遣う作業なのである。教師はよく教科書を編んだりするが、そこには当然、中国語の漢字表記と同じぐらいのピンイン表記が見られる。とくに入門や初級ではそうだ。その人がどうピンインを付けているか、それを見ればその人の力量がほぼわかる、と言われるほどである。

では今よりどころにした《现代汉语词典》なら完全無欠、誤謬無きかと言えば、そんなことはない。前の版ではこうだったピンイン表記が、今度の改訂ではこう変わったという話がよく取り沙汰される。それほど揺れ動いているのである。

ピンイン表記で問題になるのはいろいろある。声調表示が原声調から軽声に変わったというのもそうだし、先頭が大文字になって固有名詞扱いになった、あるいはrが付いて「r化」したなどという場合もある。もちろん、この逆もあるわけで、今まで軽声だったのが原声調で読むように変わったなどというケースだ。ここでは、これまでの話の流れから、ピンイン表記を「付けるか離すか」に限って見てみよう。

私が気になっているピンイン表記法に〝～节〟の書き方がある。例えば〝春节〟はこれまでずっと《现代汉语词典》ではChūn Jiéと書かれていた。私はこれに抵抗してChūnjiéのように〝春〟と〝节〟を連写していた。このほかの〝～节〟と言う場合も《现代汉语词典》は次のように分写している。

青年节 Qīngnián Jié
元宵节 Yuánxiāo Jié
教师节 Jiàoshī Jié
圣诞节 Shèngdàn Jié

これには理由がある。中国が出している《汉语拼音正词法基本规则》という、ピンインの正書法のルールを定めたものがあり、その一節に中国の地名などの固有名詞の表し方がある。

Běijīng Shì（北京市）Héběi Shěng（河北省）

Yālù Jiāng（鴨绿江）Tài Shān（泰山）

ご覧のように、市や省、山や河などを独立させ、かつ大文字にしているのだ。

おそらくこれらは英語からの影響だろう。日本でも利根川をTone Riverとか福島市をFukushima City、浪江町ならNamie Townなどとしている。ここからの類推で、〝节〟というのも一つの単位として独立させたのだろう。

しかし、この方式にも乱れがある。例えば《现代汉语词典》の第5版では〝妇女节〟は連写されていた。しかも大文字表記でもなかった。さすがにこれはミスで、第6版では訂正された。

〈第6版〉　〈第5版〉

妇女节　Fùnǚ Jié ← fùnǚjié

もう一点、2音節の〝春节〟や〝灯节〟などが次のように訂正されているのである。こちらはなんと連写されている。

〈第6版〉　〈第5版〉

春节 Chūnjié ← Chūn Jié （春節）

蒲节 Pújié ← Pú Jié （端午の節句、菖蒲節）

灯节 Dēngjié ← Dēng Jié （元宵節）

冬节 Dōngjié ← Dōng Jié （冬至）

中国語では語は2音節でもっとも安定する。この場合も、〝节〟と合わせて2音節になれば安定し、あえてルール通りに分写するよりはいっそ連写してしまったほうが、中国語の語感に合い、しっくりすると考えたのかもしれない。あるいは〝春〟や〝蒲〟、〝冬〟など単独では語としても使わない、いわば拘束形式の形態素であり、独立させるのには抵抗があったのかもしれない。ほかの2音節の語〝青年〟、〝教师〟、〝圣诞〟などがほぼ独立して使えるのとは違う。

私は一貫して、こういうのは連写でよいのではないかと考えている。つまり、泰山も黄河も北京市も青年節も続き書きで何の不自由もないと思う。とくに黄河などは黄河全体で一語と見るべきだろう。

Běijīngshì（北京市） Héběishěng（河北省）
Yālùjiāng（鸭绿江） Tàishān（泰山） Huánghé（黄河）
Chūnjié（春节） Yuánxiāojié（元宵节）

泰山のことを Tai Mountian などとするのは英語の中だけでやればよいことであって、これを中国語の表音システムであるピンインにまで及ぼすことはないと考える。実際のところ英文の中では、地名でも人名でも声調などは付けないのだから。それぞれの言語の事情に適した方式でやればよいと思う。

〃（ダブルスラッシュ）を入れよ――《现代汉语词典》第6版を見る

中国語の単語には、他の要素によって間を裂かれ、離れ離れになるという、珍しい習性がある。例えば〃得病〃は〃得过病〃のように間にアスペクトの〃过〃を入れることができる。〃得病〃で単語なら、〃过〃は単語の後ろに付けて〝[得病] 过〃としたほうがスッキリしそうだが、そうはゆかない。〃得病〃の〃得〃はそれなりに独立した動詞であることを主張するのである。

中国語には「重ね型」というのがある。動詞の場合〃商量〃は〃商量商量〃のようになり、〃休息〃は〃休息休息〃となる。それならば動詞〃散步〃の重ね型が、同じようにまるごと動詞を繰り返せばよさそうなものを、〃散散步〃と動詞だけ繰り返すのもやはり、動詞は我一人という自己主張である。〃散步〃も間が裂かれるのである。

〃得病〃は間に〃过〃が入った。〃散步〃は間に〃散〃が入った。こういう性質をどう辞書で記述するか。《现代汉语词典》ではこれを「他要素挿入可能位置にピンインにおいて//を挿入する」というやり方で表している。かくて〝得病〟、〝散步〟のピンイン表記は dé//bìng、sàn//bù のようになる。

〝得病〟も〝散步〟も共に動詞であり、しかも「病を得る」「歩を散らす」というゆえ動詞目的語構造である。このように//が挿入されるものには圧倒的に動目構造の動詞が多い。他に目立つものとしては〝进来〟や〝进去〟などの趨向補語がある。これらの辞書における発音表記は〝进来〟//・jìn//・lái、〝进去〟//・jìn//・qù のようになる。具体的には〝走不进来〟や〝走进一个人来〟などを想起すればよいだろう。

ところで、これらの要素の挿入は、ある語のすべての語義において起こるわけではないだろう。例えば〝关门〟という語がある。これは典型的な動目構造の語で〝关了门〟とか〝关着门〟と別要素が入り込む。《现代汉语词典》の第5版では、

【关门】guān//mén ①…②…③…④…

という表記であった。つまり、語義の①から④まで、全て〃が有効であるとする。ところが、今回はこれらの個々の語義についてより細かく検討したと思われ、第4の語義については〃が外された。実際、辞書に記述されている第4の語義は「属性詞」であり、いわば形容詞であり、〝关门之作〟（最後の作品）、〝关门弟子〟（最後の弟子）のように使われる。この場合には他要素の介入はない。そこで第6版では〃を第4語義については付けていない。これは確かに進歩である。

他にも〝签名〟は動詞としては離合詞だが、これが「サイン」という名詞の意味の場合は、当然ながら他要素の介在はあり得なくなる。

〝转弯〟も動詞としてなら、〃が挿入されるが、ここに新たな意味として「カーブ」という名詞が加えられると、これには〃の適用はなくなる。

これとは逆に、語義ごとの用法をより細かく観察した結果、新たに〃を挿入することになったケースも見られる。例えば〝通风〟や〝滑冰〟〝滑雪〟〝命大〟などは第6版においては〃の支配する語義が増えている例である。これらはどういういきさつなのか、興味のある方は辞書を繙かれたい。

増殖する中国語の語彙

このごろは毎年のように中国から新語辞典が出る。ここ十数年ぐらい、新語や流行語の大量生産だ。社会が激しく変化し動いているせいもあるが、それだけではないだろう。中国語は新語をつくりやすい言語なのだと思う。ことばの出生率が高く、若々しさを保っているのだ。

日本語から〝过劳死〟guòláosǐ が入ったと思ったら、〝过学死〟guòxuésǐ なることばが現れた。働き過ぎではなく、勉強し過ぎで死んだ場合だ。それでは「遊び過ぎて死んだ」のなら〝过玩死〟guòwánsǐ と言われそうだ。

「お宅」が中国に行き、〝宅男〟zháinán と〝宅女〟zháinǚ が生まれた。男か女か、言い分けるのが中国風だ。「熟女」の〝熟女〟shúnǚ に対して、〝熟男〟shúnán が生まれたのも同じ現象だ。

前者のような新語の出来方を「類推」型と呼ぶことができるだろう。それに対して後者は「対比」型とでも呼べるだろう。実は中国語では「類推」型の新語が圧倒的に多い。そういう例を眺めてゆこう。

日本語には「文盲」や「色盲」しかいないが、中国には〝股盲〟gǔmángとか〝法盲〟fǎmáng〝电脑盲〟diànnǎomángがいる。もちろん日本にも「株に疎い人」や「法律に疎い人」、「パソコンが苦手な人」はいる。しかし、それが単語として言語化されていない。これに限らず中国では次々と〝~盲〟が生まれている。

科盲 kēmáng（科学が苦手）　美盲 měimáng（美的センスがない）
谱盲 pǔmáng（音符が読めない）　球盲 qiúmáng（球技のルールを知らない）
音盲 yīnmáng（音楽が分からない）　网盲 wǎngmáng（ネットに疎い）

日本語には「音痴」という語がある。本来は音に対して感覚が鈍い人を指すのだが、それが派生して音に限らず特定の能力が劣る人に対しても使う。例えば、味に対しての「味音痴」、方角感覚が劣る「方向音痴」、運動能力に対しての「運動音痴」、機械を使いこなすことが苦手な「機械音痴」などがある。いずれも「音」とは無関係である。これは「音痴」が本来の意味を失い、いわば「オンチ」という別語になったと考えられる。あるいは別義を生じたと考えても良い。

これはこれで日本語の特性であろう。

中国語の〝〜盲〟も、本来の「目が見えない」という意味ではない。その点では日本語の「音痴」と平行する現象だ。ただ、日本語「音痴」が単語であるのに対し、中国語の〝盲〟は形態素だ。形態素とは「有意味最小単位」だ。〝盲〟は単独では使えない、いわば語を構成する要素だ。これが活発に活動するのだ。

もう少し、日中の比較を続けよう。例えば「人見知り」という語がある。子どもが見知らぬ人を見たり会ったりすると、いやがることを言うが、「場所見知り」なんて語もありそうだ。変わった料理と見ればすぐ注文して食べようとする人もいれば、食べつけないものは遠慮する人もいる。こういうのは「味見知り」と名付けることができるが、これもやはり「味」でそれ自身独立した語だ。

このように日本はたいてい「場所」とか「人」「味」のようにそれ自身が語として独立している。つまり「語」+「語」という形をしている。

「音痴」の例でもそうだ。「音痴」と結びつくのは「機械」「運動」「方向」と意味のわかりやすい単語に限られる。

一方、中国語は〝机盲〟とか〝科盲〟〝音盲〟のように、それ自身では単語とは言えないbound形態素同士の結合でも平気なのだ。

日本語に「胸囲」ということばがある。言うまでもなく「胸まわり」のことだ。では「腰まわり」はなんというか。「腰囲」というべきだし、こう言って何の不都合もないはずだが、私は「ようい」ということばを聞いたことがない。さらに、帽子を買うときに「頭の大きさ」を測ることがある。これは何と言うか。理屈から言えば「頭囲」である。これは「ずい」と読むのか「とうい」と読むのか。おそらくどちらを言ってもわかってもらえないだろう。ところが中国語なら、〝胸围〟xiōngwéi と言い、〝腰围〟yāowéi と言う。さすがに〝头围〟tóuwéi は辞書にはないが、あってもおかしくない。専門の帽子屋さんで使っているかもしれない。そういう存在感がある。この「そういう語があってもいい」という潜在的な語彙感覚があること、それが中国語の強みである。日本語だと、「どうも語呂がよくないなあ」とか「音の組み合わせがどうも」という点で、抵抗感が強いのだが、そういうことがまずないのである。

このように、漢字を組み合わせる。もちろん、組み合わせるにはルールがある。文字の意味的な、および文法的な性質に則って組み合わせるのだが、そうすると、いとも簡単に「新しい語」

らしきものが生まれるというのは、私にはすごいことに思える。新しいコンセプトが簡単に「語」の形を取ることができるのだ。「語」は思考を結晶のかたちで定着させる。

このあいだ中国の雑誌を読んでいて、〝同理〟tónglǐという語に遭遇した。これは「理を同じくする→理屈、理論を同じくする→人の理屈、理論に同感する」というぐらいの意味だ。ここには〝同情〟tóngqíngという語が背後にある。その類推であろう。〝同情〟とは「情を同じくする→感情、気持ちを同じくする→人の感情、気持ちを自分のものとする、同情する」だ。

ところが日本人は「同情」なら「同情」という語ができあいのものとして存在し、これが実は本来は「情を同じくする」という意味と構造からなることを忘れている。中国人は、ここに本来の原初的意味と構造を感じている。だからこそ「情」の対極にある「理」を持ってこられるのだ。〝同理〟という組み合わせはまだ辞書には載っていない。しかし、一定の文脈で現れれば誤解なく〝同理〟の意味はわかる。かくてこのような造語の例は、かなりの自由さをもって日々行われているのである。一方、日本語が「同情」から「同理」を考えつくことはまずあり得ないことだろう。

この間、面白い見聞をした。『聴く中国語』という雑誌を出している日中通信社を訪ねたときのことだ。責任者の中国人の方が「ウチでは朝礼はやりませんが、そのかわりバンレイをしていますす」と言われた。「バンレイ？　ああ晩礼ですか」と、先に「朝礼」があるのでその類推からなんとか「晩礼」を推測できたが、いきなり言われたのではわかるまい。そしてこのことば、思いついたのはきっと同社にたくさんいる中国人社員にちがいない。

知能指数のことをＩＱという。中国では「指数」は〝商〟shāngだ。だから知能指数は〝智商〟zhìshāngとなる。このように中国語は一漢字で、ある概念を表す傾向がある。先ほどの〝盲〟もそうである。で、これに基づき〝情商〟qíngshāngができた。ＥＱである。さらに「コミュニケーション指数」なる語も出てきた、これは〝交商〟jiāoshāngという。人とうまくコミュニケーションをとる能力指数だ。この調子だとまだまだ何か新語が現れそうである。

〝～盲〟にはどんな語があるか、〝～商〟にはどんな語があるかを知るには「逆引き」で調べればよい。中国語では「逆引き検索」は極めて有用である。これは中国語では語末の字、それが全体を決定づけることを意味する。例えば、流行語の一つとして挙げられる〝～族〟zú。逆引きで検索してみると、百近く集まるだろう。

〝～族〟に限らず、語末の接尾辞的役割を果たすもので、人間を指す語は多い。新語とはいえ、やはり人への関心の高さを物語るものといってもよいだろう。もっとも見慣れたものといえば〝～男〟nán とか〝～女〟nǚ だろう。


【抹布女】mābùnǚ［名］ぞうきん女。夫にすべてを捧げたにもかかわらず、ぼろぞうきんのように捨てられた女性をいう。

【兴盛女】xīngshèngnǚ　事業に成功した未婚の年齢のいった女性。

【星剩女】xīngshèngnǚ　成功したスターだが年齢のいった未婚女優。


〝～男〟もある。例えば日本から来た〝草食男〟cǎoshínán などもそうである。

【奶瓶男】nǎipíngnán　ほ乳瓶男、乳離れのできてない男性。

【快餐男】kuàicānnán　ファーストフード男。恋心が長続きせず、すぐに女性と別れる男。


これに対して、〝～哥〟gē というのがある。男には違いないが、「兄」となると親族呼称だ。家族扱いだ。内容もかなり違ってくる。

【送水哥】sòngshuǐgē［名］水提供男。鄭州市で自腹で浄水器を購入して農民工が多く集まる地点に設置し、皆に無償で飲み水を提供し続けた李老発のこと。
【浓烟哥】nóngyāngē［名］黒煙兄さん。火災現場で煙の立ちこめる中、自分の空気呼吸器を子どもにあてがって救った消防士譚夏林のこと。

このように、固有名詞が出てきて、特定の個人を念頭に置き、しかも尊敬や表彰の意味合いが含まれる場合が多い。一方の〝～姐〟の場合も同じような傾向がある。

【扫帚姐】sàozhoujiě［名］ホウキ娘。ホウキを使ったパフォーマンスがネットで人気を呼び芸能番組の引っ張りだこになった北京市の掃除婦張秀芳。

ただし、〝～姐〟jiě の場合はやはり〝小姐〟xiǎojiě からの連想もあり、〝～哥〟ほど顕著に敬意や表彰といった含意は少ないようだ。
さらに、親族呼称の〝奶奶〟nǎinai や〝爷〟yé などが末尾に付く新語もある。これらはさらに敬意が増すと考えて良い。

【犀利奶奶】xīlì nǎinai　ある個人株投資家おばさんのことを指すが、〝犀利〟とは「文章や知力などが鋭い」ことをいう。やはり褒め言葉である。

【担忧爷】dānyōuyé　心配おじいさん。八二歳の西安のおじいさんが、自分の三輪車に〝你酒驾，爷担忧〟nǐ jiǔ jià, yé dānyōu（酒飲み運転か、わしゃ心配だよ）という標語を貼り付けて車の運転手に安全運転を呼びかけ、それがネットで話題になった。

他にも〝～奴〟nú やら〝～霸〟bà 、〝～帝〟dì、〝～客〟kè など、人を表す接尾辞的要素は数々ある。おおまかなニュアンスは捉まえておくべきだろう。

第3声が連続したら？

中国語の声調変化は三つある。まずは〃你好〃。第3声の連続だ。これはご存じのように最初の音が第2声になる。

次は否定の〃不〃の声調変化だ。〃不〃は本来第4声なのだが、後ろに同じ第4声のものがくると自身は第2声に変化する。面白いのは、どちらの声調変化も三つ共通点があることだ。

（1）後ろに同じ声調がくると、同じはいやだと変化する。

（2）変化は前の音に発生する。

（3）前の音は第2声に変化する。

もう一つは〃一〃の声調変化だが、本来第1声だが、実は第4声で言われるときが多い。〃一千〃yì qiān、〃一年〃yì nián、〃一百〃yì bǎi などいずれもそうだ。ところが、後に第4声の音がくると、やはり第2声に変化する。

一万　yí wàn

第4声で通したいのだけれど、ここでも「後ろに同じ第4声がくると、同じはいやだと変化する」、そしてやはり「変化は前の音に発生し、第2声に変化する」のだ。

中国語の3種類の声調変化は、このように共通性をもっていることがわかる。

さて、「第3声の連続」だが、二つだけでなく、三つも四つも第3声が連続することもある。そういうのはあまり学校では教えてくれないが、気になる問題ではある。基本的には適当に区切って読んでください、となるのだが、それでも大まかなルールはある。

例えば、次の文は第3声が三つ連続している。

你家有几口人？　Nǐ jiā yǒu jǐ kǒu rén?

しかし、これを次のようには読まないだろう。

你家有几口人？　Nǐ jiā yóu jí kǒu rén?

ふつうは次のように、〝Nǐ jiā yǒu|jǐ kǒu rén?〟と目的語の前で区切って読む。次は五つ連続して第3声が続くが、やはり目的語の前でポーズを置く。

我买五把伞。Wǒ mǎi wǔ bǎ sǎn.

↓

我买五把伞。Wǒ mǎi|wú bá sǎn.

こうしてみると、動詞と目的語の間に区切りを置くという傾向があると言えそうである。

我想买五本。Wǒ xiáng mǎi|wú běn.

ところで、次のようなケースは別に考えなければならない。

李厂长在吗？ Lǐ chǎngzhǎng zài ma?

文字面からは第3声が三つ連続しているように見えるが、構造から言えば〝厂长〟は単語だか

ら［李［厂长］］というかたちで、まず単語である〝厂长〟において声調変化を起こす。その結果、

李厂长在吗？　Lǐ chángzhǎng zài ma?

となり、最初の〝李〟は第3声のままということになる。〝史老板〟という場合もこれと同じで、まず単語である〝老板〟で声調変化が置き、Shǐ láobǎn となるので、姓である〝史〟には影響を及ぼさない。

史老板、您好！　Shǐ láobǎn, nín hǎo!

もちろん、〝史老师〟のような場合は、〝老师〟の〝老〟が第3声であるから、今度は〝史〟は声調変化を起こし第2声に変わる。

〝李厂长〟は［李［厂长］］という形で、1＋2パターンであったが、〝展览馆〟zhǎnlǎnguǎn のように［[展览］馆］と2＋1パターンの場合もある。しかしこの場合は、まず〝展览〟で声調変化が起こり、さらに〝馆〟が3声なので、〝展览馆〟zhánlánguǎn となること、これは周知だろう。

最後に中国人の姓名で第3声が連続している場合はどうなるのだろうか。姓一名一の場合。

李暁　Lǐ Xiǎo → Lí Xiǎo
史颖　Shǐ Yǐng → Shí Yǐng

これは通常の3声連続と同じだ。問題は姓一名二の場合だ。

李暁雨　Lǐ Xiǎoyǔ → Lǐ　Xiáoyǔ
史汝敏　Shǐ Rǔmǐn → Shǐ Rúmǐn

理屈から言えば、まず名前のところで先に変調が起こり、そのため姓には変調がない、と考えられるが、中国人に聞いてみると、姓の変調が起こるという人もいるようで、そうなると2声＋2声＋3声のように読むわけで、これは微妙な問題らしい。身のまわりに中国の友人がいる方は、是非尋ねてみられたい。

流行語〝伤不起〟について

中国ほど新語や流行語をどんどん量産している国はないのではないか。毎月のように新しい言葉が生まれたり、話題になったりしている。公の機関でも、半年ごとに「上・下半期の新語流行語」を発表したりしている。

私は中国語が専門だが、だからといって新語を見てすぐ理解できるわけではない。字面を見ただけでは半分以上意味を当てることができないのが正直なところだ。解説や説明を読んで、ようやくわかる。

ところが、最近の流行語の一つ：〝伤不起〟shāngbuqǐという言葉は、解説を読んでもどうもピンと来ない。こんなことはめったにないことだ。だから、こんな文章を書く気になった。

〝伤不起〟はその文字からわかるように「傷つけることができない」という意味だ。〝―不起〟というのは不可能を表す。〝买不起〟mǎibuqǐは「(高くて)買えない」だし、「ごめんなさい」の〝对不起〟duìbuqǐは「申し訳なくて、顔向けができない」だ。

では〝伤不起〟はどんな風に使われているのか。その初めは大学のミニブログのサイトで標題に使われることからはじまったという。

学法语的人你伤不起啊! Xué Fǎyǔ de rén nǐ shāngbuqǐ a!
(フランス語を学んでいる人を、傷つけることはできない)

〝学法语的人〟は「フランス語を学んでいる人」である。次の〝你〟は「フランス語を学んでいる人」を指すのではなく、不定の人一般を指す用法である。

はじめに話題として取り上げられる人や団体、ここでは「フランス語を学んでいる人」だが、これは中国語で言えば〝弱势群体〟ruòshì qúntǐである。つまり弱者であり、すでに傷ついている存在である。ひどい目にあい、打ちのめされている。だから、もうこれ以上攻撃し、傷つけるのはやめよう、と言うのである。

フランス語を学んでいる人は、なぜつらい存在なのか。タイトルの後にこんな文章が続く。「二年前に仏文科を選択した。それが戻れぬ道だった。世界で一番美しい言語なんて言った奴は誰だ。76を〝七十六〟と言えないんだぜ。60足す16なんて言いやがる。96は〝九十六〟じゃなくて、四つの20に16を足すんだとよ……」こんなふうに、いかに「フランス語を学んでいる人がつらい思いをしているか」を縷々述べてゆく。すでにして傷ついた存在であることをアピールするのだ。

したがって、「もうこれ以上傷つけることはできない」という。しかし、文脈からは実際の意味合いは「もうこれ以上傷つけてはならない」という禁止に近いものが感じられる。ここで気になるのは「傷つけることができない」という本来の不可能の意味から、「傷つけてはならない」という禁止命令の意味に変化していることだ。

しかし、この現象はそう珍しくはないだろう。例えば「ここでタバコを吸うことができない」（不可能）という場面を考えてみる。その理由として、「法令によって禁止されているから」があり得るだろう。あるいは「ここは病院の庭で、患者さんが散歩するところだから」という理由だって考えられる。かくて、少しでも人間性のかけらがあれば、ここでタバコを吸うようなことをしてはならない、と結論づけられる。つまり不可能「タバコを吸うことができない」は、容易に禁止「タバコを吸ってはいけない」に転換される。

あるいは例えば〝请不起〟qǐngbuqǐ、これは「お金がなくて、あるいは資格がなくて、招待できない」という意味だ。相手が皇族で身分が違い、とてもお招きできない、そんなとき〝请不起〟は「だからお招きしてはいけないよ」という禁止のニュアンスが生ずるのではないか。

ともあれ、このように投稿者によってフランス語学習者のつらく、哀しく、切ない境遇が、各文の文末にたくさんの！！！をつけて発表された。このような文体を〝咆哮体〟と言う。心中の苦しみをもだえながら「咆哮する」からであろう。

これをきっかけに、まずはさまざまな語学を勉強している人々から、同じような苦しみを訴える文章が、それこそ雨後の筍のように出現した。例えば次はベトナム語である。

学越南语的你们伤不起啊！
Xué Yuènányǔ de nǐmen shāngbuqǐ a!
两年才有一个班，一个班不到30人啊！

Liǎng nián cái yǒu yí ge bān, yí ge bān bú dào sānshí rén a!

比四川的熊猫还稀有的物种啊，有木有！

Bǐ Sìchuān de xióngmāo hái xīyǒu de wùzhǒng a, yǒu mù yǒu!

ベトナム語を学んでいる奴らをいじめたらいけないよ。

二年でやっと一クラス、しかも三〇人にもならなくて、

四川のパンダより珍しい、そうだろ？

最後についている〝有木有〟は〝有没有〟の意味で、ここでは「そうだろ」とか「でしょ？」といった感覚だ。

〝伤不起〟の訳はさまざまになるようだ。「いじめたらいけないよ。つらいよなあ。そっとしとこうぜ。見守ってやろうぜ。みんなでやさしくね」などなど。本来は「傷つけることはできない」そこから「これ以上傷つけてはいけない」、さらに言葉をかえて「いじめるな」という言い方をしたり、同情して「彼らはつらいよなあ」と言ったり、あるいは「やさしくしてやろうぜ」などの呼びかけにも通じるところがある。

次は中国語を学ぶ日本人だ。

学汉语的日本人你伤不起啊！　说自己是〝日本人〟都很困难。
Xué Hànyǔ de Rìběnrén nǐ shāngbuqǐ a! Shuō zìjǐ shì Rìběnrén dōu hěn kùnnan.
（中国語を学んでいる日本人はつらいよなあ。自分のことを〝日本人〟というのも難しいんだから）

これは〝日本人〟の発音が Rìběnrén と日本人の苦手なそり舌音であるために苦労するわけだ。もう一つ、今度は日本語を学んでいる中国人はつらいというのをご紹介しよう。〝学日语的人你伤不起啊！〟に続く理由の一つだが、

10不念十啊！　他念九啊！（10を十といわず、九 jiǔ という）
1不念一啊！　念一七啊！（1を一といわず、一七 yīqī という）

こういう苦労話の「咆哮」が延々と四〇、五〇行ぐらい続く。例えば他には「１００は hyaku というくせに、３００になるとなんと 3byaku だ、さらにだよ、８００は 8pyaku ときやがる」といった話題も見える。鋭い観察ではないか。
こうしてみると、こんなことを知っているのは、まさに日本語を勉強した本人以外にあり得な

い。つらい勉強や切ない境遇をことこまかに言えるのは本人であればこそだ。つまり〝你伤不起啊！〟は「みんな、俺たちを理解してくれ、いじめたりしないでくれ、つらいんだよ」という訴えでもあるのだ。

このように〝伤不起〟が直接自分に向かったらどうなるか。自分は「脆すぎて衝撃に耐え得ない」存在なわけだ。郁可唯（女）にタイトルはズバリ《伤不起》という歌がある。その一節に曰く：

不是爱不起，只是伤不起。Bú shì àibuqǐ, zhǐ shì shāngbuqǐ.

まず話題になる人や集団、この場合は誰だろう。弱者であり、虐げられた存在であることが前提だから、私が愛する彼ではなく、歌を歌う私だ。するとこれは「私が彼を愛せないのではない、私はもうこれ以上傷つくことはできないのだ」。つまり自分が十分これまで苦しんできた。すでに脆い存在で、これ以上は衝撃に耐えられない、そうつらく切ない我が身を訴えていることになる。

〝伤不起〟によるこのような「咆哮体」が一世を風靡したということは、理解されぬまま社会の中でうごめく個人や集団のつらい思いが吹き出したということだろう。だが、単に苦しみを訴えるだけではなく、自虐の中にもユーモアを込めていることが中国の強さだろう。

以上、主に〝伤不起〟の日本訳バリエーションを巡って述べてきたが、これはあくまで日本語訳に過ぎない。中国語の方は〝伤不起〟一語が厳然として存在しているだけである。

ピアノは〝琴〟って知ってました?

ピアノは〝钢琴〟という。なぜ「琴」なのか。そういえばハーモニカは〝口琴〟だ。やはり「琴」だ。中国語の〝琴〟とは何か。調べてみたくなる。

次は「逆引き」方式で検索した、語末に〝琴〟が来る楽器名である。

- 风琴 fēngqín［名］オルガン。
- 手风琴 shǒufēngqín［名］アコーディオン。
- 钢琴 gāngqín［名］ピアノ。
- 胡琴 húqin［名］胡弓。
- 口琴 kǒuqín［名］ハーモニカ。
- 提琴 tíqín［名］バイオリン族の楽器。
- 大提琴 dàtíqín［名］チェロ。

- 小提琴 xiǎotíqín ［名］ バイオリン。
- 中提琴 zhōngtíqín ［名］ ビオラ。
- 月琴 yuèqín ［名］ 月琴。

〝琴〟というのは決して「琴」ではなくて、もっと広く楽器を指すことがわかる。しかしあらゆる楽器が〝琴〟で表されるわけではもちろんない。どうやら「細い弦や薄い切片が振動して音を出す楽器」が中国語の〝琴〟であるようだ。

われわれが外からきたピアノやハーモニカやオルガンを、そのままカタカナで表しているのと違って、中国語ではそれらを自国の言語体系の中に取り込んでいる。その取り込み方は、〝琴〟というキーワードによってまとめている。

日本人が、ピアノ、オルガン、ハーモニカ、アコーディオン、バイオリンなどに何らの共通性を感じずにいるとき、中国語話者はそこに「これらはすべて〝琴〟の仲間である」という感覚を持つ。

彼らはわれわれよりも世界の整理のしかたにおいて優れている、とはいえないだろうか。では英語国民はここに何か共通項を感じているのだろうか。少なくともこれらを表す名詞からはそれは感じられない。とすると、中国人は自分たちで世界を再構築していることになる。良くも悪くも、そういうことだ。勝手といえば勝手ではあるが。

余談だが、「コンタクト」のことは中国語で〝隐形眼镜〟という。一方、普通の近視用メガネは〝近视眼镜〟という。よく見ると、〝眼镜〟が共通だ。二字ではあるが、どちらも「眼鏡」には違いない。ということは、われわれよりも遙かに強く、中国人は「コンタクト」と「近視眼鏡」は同類と感じていることは間違いない。

最近の中国ジョークのある傾向

ジョークというのは最後にオチがある。オチを聞いて、そこでどっと笑う。それが通常である。

一个男子到车站接妻子。
Yí gè nánzǐ dào chēzhàn jiē qīzi.
妻子：你能不能笑一笑？
　Nǐ néng bùnéng xiàoyixiào ?
　瞧人家那对夫妻有说有笑多开心。
　Qiáo rénjia nà duì fūqī yǒu shuō yǒu xiào duō kāixīn.
丈夫：他是来给她送行的。
　Tā shì lái gěi tā sòngxíng de.
【訳】ある男性が駅に妻を出迎えに行った。

妻：あなた少しは笑顔にできないの。
　あちらのご夫婦を見てよ。ニコニコとてもうれしそうよ。
夫：あれは女房を見送りに来ているのだよ。

ただ、このジョークはメイドインチャイナか欧米の焼き直しかわからない。まちがいなく中国製というなら次のようなものがある。やはり、最後にオチが来る。そういうスタイルだ。

46年8月的一天，毛主席与警卫员阎长林一起
Sìliù nián bā yuè de yìtiān,Máo zhǔxí yǔ jǐngwèiyuán Yán Chánglín yìqǐ
登山。半山腰小阎说：〝主席，走累了，咱回去吧。〟
dēngshān. Bàn shānyāo Xiǎo Yán shuō: "Zhǔxí, zǒulèi le, zán huíqu ba."
主席厉声道：〝我都没说累，你倒先说累？
Zhǔxí lìshēng dào: "Wǒ dōu méi shuō lèi, Nǐ dào xiān shuō lèi?
都到半山腰了，怎能半途而废呢？　如果干革命也
Dōu dào bàn shānyāo le, zěn néng bàn tú ér fèi ne? Rúguǒ gàn gémìng yě

这样，能成功吗！〟小阎羞愧得低下了头。主席鼓励说：〝年轻人要多锻炼啊！〟〝可我实在背不动了……〟

zhèyàng, néng chénggōng ma!" Xiǎo Yán xiūkuì de dīxiale tóu. Zhǔxí gǔlì shuō: "Niánqīngrén yào duō duànliàn a!" "Kě wǒ shízài bēibudòng le ..."

小阎委屈道。

Xiǎo Yán wěiqu dào.

【訳】一九四六年の八月のある日のこと、毛沢東主席は警備員の閻長林と一緒に登山を楽しんでいた。山の中腹あたりにかかったところで閻は言った。「主席、草臥れました。もう戻りましょう」。主席は厳しく言った。「わしがまだ疲れたと言ってないのに、おまえはもう疲れたのか。もう山の中腹まで辿り着いたのに、途中でやめるのか？　もし革命を行うのもこんなざまなら、成功はおぼつかないぞ」。閻は恥ずかしくなりうつむいた。主席は励ますように言った。「若者はもっともっと己を鍛えねば！」。閻は恨めしそうに言った。「しかし、もうこれ以上、主席を背負っては動けません」。

ご覧のように、最後の一言で笑う構造だ。これはジョークにしては少し長めだが、同じ中国製でも、短いものもある。

美国与中国航天员在太空的对话。
Měiguó yǔ Zhōngguó hángtiānyuán zài tàikōng de duìhuà.
美国航天员：
Měiguó hángtiānyuán：
〝中国太伟大了，我一眼就看见你们的长城了！〟
"Zhōngguó tài wěidà le, wǒ yì yǎn jiù kànjiàn nǐmen de Chángchéng le !"
中国航天员瞄了一眼说：〝那是堵车！〟
Zhōngguó hángtiānyuán miáole yì yǎn shuō："Nà shì dǔ chē !"
【訳】米中の飛行士が宇宙で話を交わした。米「中国はすごい。一目で宇宙から万里の長城が見えたよ」。中国の飛行士はチラリと下を見て言った「あれは車の渋滞だよ」。

大都市における中国の交通渋滞を話題にしている。

しかし、最近のジョークをみると、違う傾向があらわれているようだ。もちろん最後がもっとも強烈なオチになっているのだが、そこに到るまでの「途中」も大いに楽しめる。例えば次のようなジョークだ。

小时候，妈妈吓唬说：

Xiǎoshíhou, māma xiàhu shuō:

狼来了！

Láng lái le!

上学后，同学吓唬说：

Shàngxué hòu, tóngxué xiàhu shuō:

老师来了！

Lǎoshī lái le!

结婚后，朋友吓唬说：

Jiéhūn hòu, péngyou xiàhu shuō:

你老婆来了！

Nǐ lǎopo lái le!

工作后，同事吓唬说：

Gōngzuò hòu, tóngshì xiàhu shuō:

领导来了！

Lǐngdǎo lái le!

当领导后，上级吓唬说：

Dāng lǐngdǎo hòu, shàngjí xiàhu shuō:

检查组来了！

Jiǎncházǔ lái le!

刚弄点事，下级吓唬说：

Gāng nòng diǎn shì, xiàjí xiàhu shuō:

纪检委来了！

Jìjiǎnwěi lái le!

总算熬过去了，

Zǒngsuàn áoguòqu le,

情人又跑来吓唬说：

qíngrén yòu pǎolai xiàhu shuō:

这个月没来！

Zhège yuè méi lái!

【訳】子ども頃、母は私をおどして言った。「オオカミが来た！」。学校に行くようになって同級生がおどして言った。「先生が来た！」。結婚後、友人がおどして言った。「奥さんが来たぞ！」。仕事についてからは、同僚がおどして言った。「ボスが来たぞ！」。役職についてからは上役がおどして言った。「監査班が来たぞ！」。少しばかりやばいことをしたら、部下がおどして言った。「規律検査員が来たぞ！」。どうにかこうにか切り抜けたら、愛人がやって来ておどして言った。「今月、まだアレが来ないの！」

これも中国社会の諷刺であるが、最後のオチだけではなく、そこに到るまでの各小段も十分面白い。そこで思い出したのだが、中国独特の社会諷刺として〝顺口溜〟shùnkǒuliū と呼ばれる形式がある。一種の戯れ歌のようなものである。

没钱的时候，养猪；
Méi qián de shíhou, yǎng zhū;
有钱的时候，养狗；
Yǒuqián de shíhou, yǎng gǒu;
没钱的时候，在马路上骑自行车；
Méi qián de shíhou, zài mǎlùshàng qí zìxíngchē;

有钱的时候，在客厅里骑自行车；
Yǒuqián de shíhou, zài kètīnglǐ qí zìxíngchē;
没钱的时候想结婚；
Méi qián de shíhou xiǎng jiéhūn;
有钱的时候想离婚；
Yǒuqián de shíhou xiǎng líhūn;
没钱的时候老婆兼秘书；
Méi qián de shíhou lǎopo jiān mìshū;
有钱的时候秘书兼老婆。
Yǒuqián de shíhou mìshū jiān lǎopo.

【訳】

お金のないときは豚を飼う、
お金のあるときは犬を飼う。
お金のないときは、道路で自転車を漕ぐ、
お金のあるときは、客間で自転車を漕ぐ。
お金のないときは結婚がしたい、

お金のあるときは離婚がしたい。
お金のないときは女房が秘書を兼ねる、
お金のあるときは秘書が女房を兼ねる。

ご覧のように各フレーズ、いずれも面白い。古くから民間にある、このような対句的構成が最近のジョークスタイルに微妙に影響を与えているのではないか、というのが私の観察である。もう一つお見せしよう。やはり社会諷刺ものだ。タイトルは「中国よ、お前には何が欠けているのか？」。

【中国，你到底缺了什么？】
【Zhōngguó, nǐ dàodǐ quēle shénme?】
缺钱吗？
Quē qián ma?
你借给了世界头号强国万亿之巨；
Nǐ jiègeile shìjiè tóuhào qiángguó wànyì zhī jù;
缺人吗？

Quē rén ma?

你独占世界人口的四分之一；

Nǐ dúzhàn shìjiè rénkǒu de sì fēn zhī yī;

缺法吗？

Quē fǎ ma?

你有法律条文数百万款；

Nǐ yǒu fǎlǜ tiáowén shù bǎiwàn kuǎn;

缺根吗？

Quē gēn ma?

你有五千年的惊世文明；

Nǐ yǒu wǔ qiān nián de jīng shì wénmíng;

缺力吗？

Quē lì ma?

你能把有机的和无机的数吨物质送上太空；

Nǐ néng bǎ yǒujī de hé wújī de shù dūn wùzhì sòngshang tàikōng.

然而地沟油，黑砖窑，人贩子

Rán'ér dìgōuyóu, hēizhuānyáo, rénfànzi
却在神州屡屡出现，
què zài shénzhōu lǚlǚ chūxiàn,
原来，你缺失了信仰公德和良知……
yuánlái, nǐ quēshīle xìnyǎng gōngdé hé liángzhī ……

【訳】

お金がないのか。いや、中国は世界最強の国に多額のお金を貸している。人材が不足しているのか。いや、中国は世界人口の四分の一を占めている。法律が不備なのか。いや、法律の条文は数百万条に上る。ルーツに問題があるのか。いや、中国は五千年の輝ける文明を持つ。パワーが足りないのか。いや、中国は人や物など数トンの物質を宇宙に打ち上げている。しかしながら、どぶに捨てられた廃油から油を作ったり、違法なレンガ工場を運営したり、人身売買などがこの国には跋扈している。実のところ、欠けているのは公徳心や良心への信仰なのだ。

話のついでに、最近のジョークを見ていたとき、よくわからないのに出会った。それは短いものだった。

春晚和３１５晚会的区别是，一个给钱就能上，另一个给钱就能不上。
Chūnwǎn hé sānyāowǔ wǎnhuì de qūbié shì, yígè gěi qián jiù néng shàng, lìng yígè gěi qián jiù néng bú shàng.

たったこれだけ。だからこそ難しいのかもしれないが、〝春晩〟は〝春节联欢晚会〟Chūnjié liánhuān wǎnhuì のことで、日本で言えば大みそかの紅白歌合戦のようなテレビのバラエティ番組だ。これにはお金を払ってでも出たい。これはわかる。

わからないのは次だ。〝３１５晩会〟Sānyāowǔ wǎnhuì とは何だろうか。私は知らない。そこでパソコンで検索してみた。するとどうやら消費者保護のため、企業の悪をあばくような番組らしい。ついこの間はマクドナルドの厨房を突撃取材し、期限切れの食材を使っている場面などを放映したらしい。外国企業が狙い撃ちされているという話だが、なるほど、これには「お金を払ってでも出たくない」わけだ。

中国のジョークはこういう社会背景がわからないと笑えないものが多い。幸いなことに、このごろはウエブ検索でなんとか対応できることが多いが。

笑うのもひと勉強の時代か。

中国「脳トレクイズ」の解き方

中国の小学生に大人気の脳トレクイズ《脳筋急转弯》Nǎojīn jízhuǎnwān であるが、頭を鍛えるのによいというので、わが子に親が買ってやる。ゆえに売れ行き好調らしく、常時何十冊も書店に並んでいる。

わたしも嫌いじゃないので、十数冊持っていて、ヒマなときにパラパラめくって楽しんでいる。中国語学習者向けの講演などがあると、細切れ時間の活用法などと称して紹介することもある。クイズだから、うまく解ける人もいれば、全く歯が立たないという人もいる。できる人が景品などをもらっているのを見れば、やはり羨ましい。

そこで、問題をいくつかタイプ別に分けてみた。解くときの参考になり、次回のリベンジに役立つだろう。

いちばん素直なのは、その問題を中国語で考えても、日本語に直して考えても同じというもの

だ。つまり、世界共通の問題だ。例えば、

只会增加不会减少的是什么？　Zhǐ huì zēngjiā bú huì jiǎnshǎo de shì shénme?
（増えるばかりで減ることがないものは何？）

この答えは〝年龄〟niánlíng、つまり「年」だ。もう一つ。

有一个人一年才上一天班又不怕被解雇，他是谁？
Yǒu yí ge rén yì nián cái shàng yì tiān bān yòu bú pà bèi jiěgù, tā shì shéi?
（一年でたった一日だけ仕事をし、それでもクビにならない人は？）

これは少し難しいか。「サンタクロース」が答えだ。中国語では〝圣诞老人〟shèngdàn lǎorén という。

これに対して、中国語を知らないと解けないという問題がある。これにもいろいろなタイプがあるが、まずは例題を解いてみよう。

什么花开得最高？ Shénme huā kāide zuì gāo?（一番高いところで咲く花は？）

この答案は〝雪花〟xuěhuā である。ひらひら天空から舞い降りる雪、それを中国語では「雪の花」と名付けている。確かに高いところで「咲く花」だ。ちなみに「花火」のことは〝烟花〟yānhuā という。これなら「手でつかめない〝花〟は何？」というなぞなぞの答えになる。類例をもう一つ、

什么布剪不断？ Shénme bù jiǎnbuduàn?（切っても切れない布は？）

これは〝瀑布〟pùbù（滝）が答え。単語の最後に〝布〟が来ている。だから、中国人にとってこれは一種の〝布〟なのである。要するに最後に来る要素が決定的に重要だ。「寒くてもへいちゃらな〝人〟は？」の答えは〝雪人〟xuěrén（雪だるま）である。「田畑にいるのに、ちっとも体を動かして働かない〝人〟は？」なら〝稻草人〟dàocǎorén（かかし）だ。ともに中国語では〝人〟の仲間であることがわかる。

このタイプの問題を私は「逆引き型」と呼んでいる。つまり、後ろの要素で逆引き検索をして

みればよいのだ。例えば、

药店里什么药买不到？ Yàodiàn lǐ shénme yào mǎibudào？

（薬屋さんで買えない薬は？）

という問題があったとする。これを解くには〝药〟yào が末尾に来る語彙を検索すればよい。昔は逆引き検索は大変だったが、今は電子辞書で簡単にできる。かくて検索された数多くの〝～药〟の中から薬屋さんで売っていないものを見つければよい。答えは〝火药〟huǒyào（火薬）だ。脳トレクイズの中でこのタイプは実は非常に多い。いくつか例を挙げておこう。

什么竹不长在土里？ Shénme zhú bù zhǎngzài tǔlǐ?

（竹は竹でも地面に生えていない竹は？） 答案：爆竹 bàozhú

什么船从来没有下过水？ Shénme chuán cónglái méiyou xiàguo shuǐ?

（進水したことのない船は？） 答案：宇宙飞船 yǔzhòu fēichuán

不抓老鼠的猫是什么猫？ Bù zhuā lǎoshǔ de māo shì shénme māo?

（鼠をつかまえない猫は？） 答案：熊猫 xióngmāo

什么饼不能吃？ Shénme bǐng bù néng chī?

（〝饼〟は〝饼〟でも食べられない〝饼〟は？）

答案：〝铁饼〟tiěbǐng（円盤投げの円盤）。

冬瓜，黄瓜，西瓜都能吃，什么瓜不能吃？ Dōngguā, huángguā, xīguā dōu néng chī, shénme guā bù néng chī?

（〝冬瓜〟〔トウガン〕、〝黄瓜〟〔キュウリ〕、〝西瓜〟〔スイカ〕などすべて食べられる〝瓜〟なのに、この〝瓜〟は食べられない、さてそれは？）

答案：〝傻瓜〟shǎguā（愚か者）。


こんな具合で、すべて逆引き検索すれば答えを知るのは難しくないが、本来クイズであるから、即興で答えるのがルールだ。つまり頭の中の語彙量が決め手となる。

次のタイプも中国語ができないと解けない問題だが、逆引き型とは違い、問題文の二義性を見つけるのがポイントとなる。問題文の「二義性」とは何か、例を挙げよう。

明明初一是13岁，为什么到初三还是13岁？

Míngmíng chūyī shì shísān suì, wèi shénme dào chūsān háishi shísān suì?
(明明は中一のとき十三歳だったが、中三でも十三歳とはこれいかに?)

これは〝初一〟、〝初三〟は「中学一年」「中学三年」という意味もあるが、もうひとつ「月初めの一日」「月初めの三日」という意味もある。後者の意味ならわずか三日間のこと。当然十三歳のままでおかしくない。これは〝初一〟、〝初三〟の二義性を利用したものだ。

你妈妈小时候有没有打过你?
Nǐ māma xiǎo shíhou yǒu méiyou dǎguo nǐ?
(お母さんは子どもの頃あなたをぶったことがありますか?)

この解答は「ない」というものだ。お母さんが子どもの頃なら、「あなた」はまだこの世に存在してない、というのが理由だ。つまり〝小时候〟xiǎo shíhou は「あなたが子どもの頃」とも「お母さんが子どもの頃」とも解釈できる。これは構造的二義性を利用している。

什么东西最能让人满足?
Shénme dōngxi zuì néng ràng rén mǎnzú?
（最も人を「満足」させるものは?）

こんどは単語の〝满足〟mǎnzú の解釈にかかわる。普通は「満足する」という意味だが、漢字単位で眺めると「足を丸ごとくるむ」とも読める。すると〝袜子〟wàzi（靴下）が答えになる。クイズであるから、通常の解釈では解けないようになっている。隠れた意味をさがすのだ。次もそうである。

什么人每天靠运气赚钱?
Shénme rén měitiān kào yùnqi zhuànqián?
（毎日運頼りで金を儲けている人は誰?）

これは答えが〝送煤气罐的人〟sòng méiqìguàn de rén（ガスボンベを運んでいる人）なのだが、答えを見たら「あっ、なるほど」とわからないといけない。〝运气〟を「運」ではなく、文字通り「ガスを運ぶ」と解釈するのである。もう一つ。

拿着鸡蛋扔石头，但鸡蛋却没破，为什么?
Názhe jīdàn rēng shítou, dàn jīdàn què méi pò, wèi shénme?
（タマゴを石にぶつけたら、タマゴは割れなかった。なぜ?）

これは〝拿着鸡蛋扔石头〟というフレーズの解釈にかかわる。通常は「タマゴを持って石にぶつける」というふうに解釈するが、もう一つ「タマゴを手に持ち、石を投げる」ともとれる。この後者の意味解釈ではタマゴは手に持ったままだから、当然割れたりしない。同じような問題を次に掲げるので解いてほしい。

铁锤锤鸡蛋为什么锤不破?　Tiěchuí chuí jīdàn wèi shénme chuíbupò?
（ハンマーでタマゴを打ったが壊せなかった。なぜ?）

〝锤不破〟のところに二義性がある。一つは可能補語だが、もう一つは主述構造である。これでおわかりだろう。〝答案〟には〝锤当然不会破了。〟Chuí dāngrán bú huì pò le. とある。

さて、以上は「問題文に二義性がある」場合で、こちらはまだ易しいのである。なぜなら、目の前に問題文があり、それを見ることができるのだから。難しいのは、答えのほうに二義性がある場合だ。どういうことか。例を示そう。

世界上先有男人，还是先有女人？ 为什么？
Shìjiè shang xiān yǒu nánrén, háishi xiān yǒu nǚrén? Wèi shénme?
（この世に最初に現れたのは男性、それとも女性？ その理由は？）

解答を見てみよう。〝先有男人，因为男人都叫〈先生〉xiānsheng〟（男性が先、男性のことを〝先生〟「先に生まれた」と言うから）とある。なるほど、これは〝先生〟が「ミスター」という男性への呼称であり、またその字面から「先に生まれた」というようにも解釈できることによっている。つまり〝先生〟に別解があるというわけである。〝先生〟が思いつけば答えに辿り着いたも同然だが、なかなか思いつかない。このタイプのほうが難度は上である。

为什么大部分的佛教徒都在北半球？
Wèi shénme dàbùfen de fójiàotú dōu zài běibànqiú?

（なぜほとんどの仏教徒は北半球にいるのか？）

今度の答えは、仏教の念仏、〝南无阿弥陀佛〟nánwúēmítuófó これをよく見ると「南には阿弥陀仏はいない」と解釈できることに拠る。二義性というほどではないが、「こうも解釈できる」というわけだ。次もできそうで難しい。

为什么飞机飞这么高都不会撞到星星呢？
Wèi shénme fēijī fēi zhème gāo dōu bú huì zhuàngdào xīngxing ne?
（どうして飛行機はあんなに高く飛ぶのに星とぶつからないのか？）

〝因为星星会闪。〟Yīnwèi xīngxing huì shǎn. と答えにある。〝闪〟がキーワードで「星がまたたく」という意味と「さっと身をかわす」という意味がある。これなどは二つの語義があると言えよう。このように、答えのほうに多義性が潜んでいるのは難しい。

ことばに直接関わるものでは、中国語の特殊な〝搭配〟dāpèi（語と語の組合せ）を知らないと解けない問題がある。

拿什么东西不用手? Ná shénme dōngxi bú yòng shǒu?
（手を使わないで〝拿〟するものは?）

〝拿〟なら何かを手で持つというのが普通だが、〝拿主意〟ná zhǔyi（アイデアを出す）のような変わったコロケーションもある、そこを突いた問題である。このタイプも結構多い。やはり語彙力が試される。

什么东西不破的时候人们犯愁、破了才高兴?
Shénme dōngxi bú pò de shíhou rénmen fànchóu, pò le cái gāoxìng?
（破れないと人々は憂鬱になり、破れると喜ぶものは?）

答えは〝案子〟ànzi（事件）。「事件が解決する」は中国語で〝破案子〟pò ànziということに拠る。普通は〝破〟（破る、壊れる）とあるとマイナスイメージだが、これは「事件解決」という好ましいことになる。

开什么车最省油?　Kāi shénme chē zuì shěngyóu?
（どんな車を運転すればガソリンを食わないか?）

これもイディオムに〝开夜车〟kāi yèchē があることを思いつけばよい。「徹夜で仕事や勉強をする」という意味だ。本当に車を運転するわけではないので、もちろんガソリンを食わない。このように、〝搭配〟にかかわる問題はすべて〝拿〜〟〝破〜〟〝开〜〟のように頭の語がヒントとしてある。ちょうど「逆引き型」とは反対になっている。

最後に、中国文化にかかわる問題を挙げておこう。考えようによってはあるいはこういうのが一番難しいかもしれない。

○为什么老王家的马能吃掉老张家的象?
Wèi shénme Lǎo-Wáng jiā de mǎ néng chīdiào Lǎo-Zhāng jiā de xiàng?
（どうして王さんのところの馬が張さんのところの象を食べることができるのか）
○什么大楼最便宜?　Shénme dàlóu zuì piányi?（もっとも安いビルは?）
○猜猜什么东西，可以洗，不能晒，可以吃，不能吞?
Cāicai shénme dōngxi, kěyǐ xǐ, bù néng shài, kěyǐ chī, bù néng tūn?

(〝洗〟できるが、「乾かす」ことはできない、〝吃〟「食べる」ことはできるが「飲み込む」ことはできない、それは?)

〇灰姑娘的老爸老妈可能是谁? Huī gūniang de lǎobà lǎomā kěnéng shì shéi?

(シンデレラの父母は誰だろう?)

いずれも難問だろう。答えは右から、〝他们下象棋〟tāmen xià xiàngqí、〝五角大楼〟wǔjiǎo dàlóu(ペンタゴン)、〝打麻将〟dǎ májiàng、〝白雪公主与包公〟Báixuě gōngzhǔ yǔ Bāogōng。中国将棋には「馬」や「象」のコマがある。〝五角〟は〝五毛〟wǔ máo でこれは安い。マージャンには〝洗〟xǐ(牌を混ぜる)や〝吃〟chī(シュンツを完成させるためにチーする)という動作がある。最後は子どもが「灰色」だから親は「白い」のと「黒い」のという理屈。〝包公〟は清廉潔白な裁判官。顔が黒いので知られる。

【練習問題】

1. 什么样的房间谁也不愿意住?
2. 哪个字站着和躺着是一样的?
3. 什么事你明明没有做,但却要受罚?

4. 什么情况下太阳和月亮同时出现？
5. 经理不会做饭，可有一道菜特别拿手，是什么？
6. 世上什么东西比天更高？
7. 小明每天都和妈妈上街买菜，每次都抓着妈妈的裙子，但这次却迷路了，为什么？
8. 什么东西最能让兵士倒下呢？
9. 除了动物园和非洲草原上，还有一个地方能见到长颈鹿，是在哪里？
10. 什么东西人们都不喜欢吃？
11. 什么帽子不能戴？
12. 什么海里没有鱼？
13. 什么书在书店里买不到？
14. 池是用来盛水的，但是有一种池却永远没有水，那是什么池？
15. 把冰变成水最快的方法是什么？
16. 在现在这个社会里，乞丐靠什么来吃饭？
17. 稀饭贵还是烧卖贵？
18. 什么袋每个人都有，可是从来都不愿意借给别人？
19. 桌子上有两根蜡烛，一根红色一根白色，请问小明应该先点什么？

20. “先天”是指父母的遗传，那么“后天”怎么解释呢？
21. 路上一辆出租车在正常行驶，没有违反任何交通规则，却被警察拦住了，为什么？
22. 老王每天都要刮很多遍脸，可脸上还是有胡子，为什么？
23. 老张养了一只狗，而且从来没有给狗洗过澡，为什么狗不会生跳蚤呢？
24. 如果有机会移民的话，你绝对不会选择去哪个国家？
25. 有一个字认识的人都读错，这是什么字？
26. 爸爸从来不做饭，可他炒一样东西却很拿手，那是什么呢？
27. 人数最少的军是什么军？
28. 为什么吸血鬼绝不喝果汁？
29. 打什么东西人们不必花力气？
30. 发什么东西大家都不愿意接受？
31. 什么鱼不能吃？
32. 什么报只印一份？
33. 什么亮在暗处看不见？
34. 什么掌不能拍？
35. 什么东西天气越热，它爬得越高？

36. 一个警察有一个弟弟，但弟弟却否认有个哥哥，为什么？
37. 什么动物，你打死了它却流了你的血？
38. 什么东西倒着放比正着放好？

答案

1. 太平间。2. 数字1。3. 做作业。4. 明。5. 炒鱿鱼。6. 心比天高。7. 妈妈穿迷你裙。8. 床。9. 考场上。10. 吃亏。11. 螺丝帽。12. 《辞海》。13. 秘书。14. 电池。15. 去掉两点水。16. 靠嘴。17. 稀饭。因为“物以稀为贵”。18. 脑袋。19. 先点火柴。20. 明天的明天。21. 警察打的了。22. 老王是理发师。23. 狗只会生小狗，不会生跳蚤。24. 天国。25. 错。26. 炒股票。27. 冠军。28. “果汁”当中有“十”字。29. 打瞌睡。30. 发脾气。31. 木鱼。32. 电报。33. 漂亮。34. 仙人掌。35. 温度表。36. 警察是他姐姐。37. 蚊子。38. “福”字。

第二章　中国語　つれづれなるままに

中国のユーモアステッカー（1）私を追わないで

中国の車のステッカーが面白い。一つの文化になっている。

日本でも車の後ろにステッカーを貼ることがある。たいていは初心者であることを示すものだ。紅葉マークとか、若葉マークだ。

最近、わたしは車を運転していないが、そう楽しいステッカーを見た記憶がない。タクシーにもよく乗るが、これはというステッカーにはお目にかからない。「これは」というのはユーモアあふれる、気の利いたステッカーという意味だが。


中国だって最も才ーソドックスなのは、〝离我远点。〟Lí wǒ yuǎn diǎn.（近づかないで、離れていて）という車間距離を取れと要求するものだ。

これが基本だが、どうやって車間距離を取らせるか、そこが工夫のしどころだ。こんなのを見かけた。

别跟着我！　我也迷路了。Bié gēnzhe wǒ! Wǒ yě mílù le.

（わたしについて来ないで。私も道に迷っているんだから）

後から離れずにぴったりついて来ることを〝跟着〟という。それを〝别〟（〜するな）で禁止しているわけだ。理由が面白い。私も〝迷路〟、道に迷っているという。次も笑える。

别追了，本人已婚。Bié zhuī le, běnrén yǐ hūn.

（追いかけないで、当方すでに既婚者）

これも後ろからぴったりついて追ってくるのだろう。この〝追〟、中国語では女性を追いかけ、求愛することも〝追〟という。わたしを「追い求める」という表現で、二つをかけているわけだ。〝本人已婚〟（当方結婚済み）でクスリと笑わせてくれる。次は説明がいる。

別这样我怕修。
Bié zhèyàng wǒ pàxiū.
（やめてくれる、はずかしいから＝修理がイヤだから）

〝別这样〟は「そんなふうにしないで」だ。そんなふうとは、車間距離を詰めて後ろから接近しているのだろう。それは〝怕修〟pàxiū というのだが、ここは実は〝怕羞〟pàxiū とかけている。つまり「恥ずかしい」だ。そんなに接近しないで恥ずかしい。ところでもうひとつ〝怕修〟の意味、それは「接近→接触→修理」となるのがイヤだと言っているのだ。

こういうのを〝双关语〟shuāngguānyǔ（かけことば）という。

中国のユーモアステッカー（2）もはや文化の域

日本でも追突を避けるため、「近づかないで、キスはいや」なんていうステッカーはありそうだ。こういうタイプは中国にもある。

吻我一次，恨你一生。Wěn wǒ yí cì, hèn nǐ yìshēng.
（私に一度キスしたら、あんたを一生うらんでやる）

〝吻〟は一種の〝双关语〟といえるだろう。対になっているところが中国風である。もっとあからさまに〝碰〟pèng（ぶつかる）を使ったものもある。

别碰我！ 你赔不起。Bié pèng wǒ! Nǐ péibuqǐ.
（ぶつかるなよ！ おまえじゃ弁償しきれんぞ）

これはなかなかすごみがある。〝賠〟は弁償する。後に〝不起〟がついて、「値段が高くて弁償できない」意を表す。車内にこわいお兄さんがいてすごまれそうだ。反対にかわいいのもある。

脚底三个板板，哪个刹车？
Jiǎodǐ sān ge bǎnban, nǎge shāchē?
（足もとに何か板が三枚あるけどお、どれがブレーキなの、わかんない）

〝板板〟とわざわざ重ね型を使っている。こういう重ね型はいかにも子どもっぽい感じがする。赤ちゃんことばである。だから幼い、まだ未熟な子が車を運転している感じがある。イラストもそうだ、本を開いている。運転教本を今勉強中というムードを醸し出している。かえって怖い。くわばらくわばらと接近しないようにする。まあ、それを狙っているわけだが。

なお、〝刹车〟とは「車にブレーキをかける」ことだ。「急ブレーキ」は〝急刹〟と言うが、これを使ったこんなステッカーもある。

擅长急刹。Shàncháng jí shā.

（急ブレーキ得意です）

〝擅长〟とは「～が得意」ということだ。

これだけ工夫をこらしている。もはや「中国にステッカー文化あり」と言えそうだ。

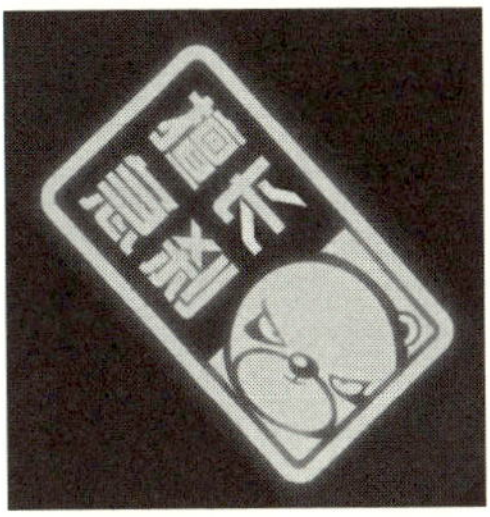

中国のユーモアステッカー（3）趙本山から李剛、ビンラディンまで

左下のイラストの人物は誰かわかるだろうか。

有名なお笑いスターの〝赵本山〟Zhào Běnshān だ。毎年のように、大みそかの《春節晩会》で「小品」を演じた。その中のキーワードは翌年の流行語になるほどの人気ぶりだ。

俺不差钱，差的是安全！ Ǎn bú chà qián, chà de shì ānquán.
（俺は金は足りてる、足りないのは安全だ）

〝不差钱〟は数年前の流行語で「お金はある、金がないわけではない」ぐらいの意味だ。

次は勇ましい。〝碰撞〟は「車がぶつかる」、後に数量補語がきて、「この車は一〇回衝突事故をやっている」、その後は「成績は〝九胜一平〟」

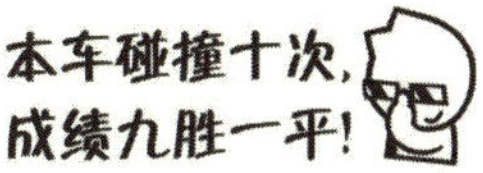

と続く。何をもって「九勝一引き分け」というのか定かではないが、ともあれ近づかないに越したことはない、という気にさせられる。

本车碰撞十次，　Běnchē pèngzhuàng shí cì,
成绩九胜一平！　chéngjì jiǔ shèng yī píng!

次も〝李刚〟とは誰か、あるエピソードを知らないとわからない。一人の若者が交通事故を起こしてつかまった。そのとき、警官に「俺のオヤジは李剛だ」と言い放った。李剛はその地方の偉い人だ。この発言はインターネットで大きく取り上げられた。身内に権力者がいれば何をやっても罰せられない中国社会を象徴するような事件だからである。あまりに有名なエピソードなので、ステッカーにまで登場した。

これには他のバリエーションまである。写真のように立派な交通安全標語になっている。

朋友，开慢点；你爸不是李刚。Péngyou, kāimàn diǎn, nǐ bà bú shì Lǐ

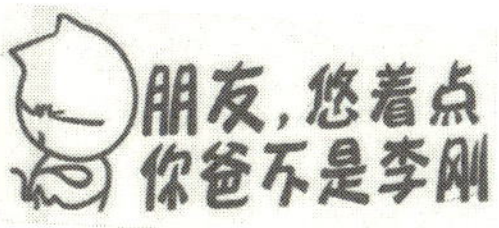

Gāng.
（スピード落とせ、君のおとうさんは李剛じゃないんだから）

次もすごい。「車内にビン・ラディンがいるぞ」というのだ。このステッカー、彼の死後も使われているのかは知らないが。
オサマ・ビン・ラディン、中国語名は〝奥萨马・本・拉登〟Àosàmǎ・Běn・Lādēngという。

中国のユーモアステッカー（4）　お笑いとジョークとステッカー文化

お笑いは、拝聴するものだ。テレビなどでお笑い芸人が演じるのを見て笑う。決して自分がそれをまねたりはしない。その場で消費する。ああ面白かった。それでおしまいである。

一方、ジョークは違う。ジョークは本を読んで一人で楽しむ。これはいい、というものに出会うと、自分もいつか使ってみようかなという気になる。つまりジョークは自分に合った、面白いものを漁るのだ。そして自分のセンスにふさわしいものや、パーティの気分に合ったものがあれば、それを披露すべく暗記する。メモにとっておいたりするから、心構えがずいぶんと違う。

「ジョークに著作権なし」という。確かにジョークに特定の作者がいたのではそれを披露するのにためらいが残るだろう。そうではなく、誰が使ってもよく、常に豊富なジョークのストックが用意されていて、お好きなモノをお使いください、というのが望ましい。

お笑いは消費するだけだが、ジョークは自分が演技者になる。主人公として、演出する。笑いをとったら瞬間ヒーローになる。男は周りの女の子に気の利いたことを言って楽しませられなくてはならない。

日本人は「お笑い」は大好きだが、自分でジョークを人に披露することは少ない。すべったら大変と思うのか、ジョークなんぞ口にするのは軽薄と思われるのか、ともかくあまりこの方面のユーモアがあるとは思えない。もちろん「川柳」のような独特のユーモア感覚を有しているわけだが。

その点、中国人のほうがジョーク好きだ。気の置けない仲間が集まっての食事会などではきまって誰かがジョークを言う。それで火が付いて、次々とジョークの披露合戦がはじまったりする。

ステッカー文化も、いろいろある「笑いのネタ」から自分で一枚選んでそれを貼る。これは自分に合ったジョークを選んで披露するのと似ている。後続車両に「俺の選んだジョークはどうだ」と見せているわけだ。

というわけで最後に一枚、交通安全とは関係ないが。

找人私奔　费用ＡＡ。

Zhǎo rén sībēn fèiyòng AA.

（駆け落ちしませんか。費用は割り勘で）

成語ほどおいしいコピーはない

車が急増している中国では、交通事故も増えている。当然、酔っぱらい運転も厳しく取り締まられている。だからこそこんなポスターがあるのだろう。

〝驾〟给我好吗？　Jiàgěi wǒ hǎo ma?

（私に運転させてくださいませんか）

この言葉の背後には〝嫁给我好吗？〟（僕に嫁にこないか）がある。音は全く同じ、しかもプロポーズの言葉だから、中国人なら誰でもすぐにわかる。これは運転代行業のコピーだが、傑作と言えるだろう。

これで思い出したのだが、《成语〝嫁〟给了广告》chéngyǔ jiàgěile guǎnggào ということが最

近よく話題になっている。「成語が広告に嫁入りした」とはどういうことか。中国の四字成語が、〝广告词〟guǎnggàocí すなわち商品などの宣伝コピーに使われているということだ。

この話のそもそものはじまりは、日本のトヨタのあの有名なコピーだ。

车到山前必有路，有路就有丰田车。
Chē dào shānqián bì yǒu lù, yǒu lù jiù yǒu Fēngtián chē.
（車が山のふもとまで行けばきっと道はある、道があればそこにはきっとトヨタの車がある）

〝车到山前必有路〟は四字成語ではない。〝俗话〟súhuà とか〝谚语〟yànyǔ と呼ばれるものだが、成語にしろ諺にしろ、誰でもよく知っている。それをうまく活用したこのキャッチコピーは大成功を収めた。してやられた中国のコピーライターが、以後、雪崩をうつようにこのような成語や諺の潜在能力に目をつけ、続々と成語活用コピーが誕生することになった。

例えば「容貌を重視して人を判断する」ことを〝以貌取人〟yǐ mào qǔ rén と言う。これはれっきとした成語だが、これをもじって〝以帽取人〟というコピーを作った。〝貌〟mào と〝帽〟mào、発音は全く同じだ。これで「帽子によって人を判断する」ということで、もちろん帽子会社の宣伝になる。

〝其乐无穷〟qí lè wú qióng も成語で「その喜び限りなし」というぐらいの意味だが、最初の〝其〟qí を同音の〝骑〟qí に替え、〝骑乐无穷〟とする。すると「乗る喜び限りなし」で自転車やオートバイの宣伝コピーにぴったりだ。さらになんと〝棋乐无穷〟qí lè wú qióng とするものまで現れた。こんどは〝棋〟の喜びを謳うわけだから「囲碁や将棋」の宣伝になる。

〝默默无闻〟mòmò wú wén から生まれた〝默默无蚊〟は蚊取り薬のCMにかり出され、〝十全十美〟shí quán shí měi のバリエーションである〝食全食美〟はホテルやレストランの宣伝に一役買う。「良妻賢母」の意味の〝贤妻良母〟xián qī liáng mǔ は〝闲妻良母〟となって、洗濯機のコマーシャルになった。妻たちは洗濯から解放され「自由な時間＝〝闲〟xián ヒマ」を獲得したのである。〝前途无量〟qián tú wú liáng（前途洋々）は待ってましたとばかりに〝钱途无量〟（お金の道は前途洋々）となり、証券会社の採用するところとなった。

これらが「成語が広告に嫁いだ」とされる現象で、中国語においていかに成語が人々の中に根を下ろしているかがわかる。

默默无蚊

家はほしいが

「家がほしい」という切実さは、中国の場合、日本の比ではない。なにしろ、家がなければ嫁さんがもらえない。結婚できないと言われる。

しかし、結婚しようという人は若い人だ。そんな大金がポンと出せるとはとても思えない。そうしているうちにどんどん値段がつり上がってゆく。

そういう社会情勢はテレビ番組にもなる。《蝸居》Wōjū とか《双面胶》Shuāngmiànjiāo とか、結婚や家をめぐる番組は、切実で深刻で身につまされるものが多い。登場人物の中では特に女房の母親がうるさい。娘のために精一杯男性側に注文をつける。娘の幸せを願ってのことだが、彼女が家の値段をつり上げたとも言われるぐらいだ。

房价之所以高，都怪你丈母娘！ Fángjià zhī suǒyǐ gāo, dōu guài nǐ

zhàngmuniáng!

（家の値段が高いのはみんなあんたの女房の母親のせいだよ）

〝丈母娘〟とは「女房の母親」だ。彼女はこのごろよく住宅関係の広告に登場する。

你可以不买房，　Nǐ kěyǐ bù mǎi fáng,
除非你摆平丈母娘。chúfēi nǐ bǎipíng zhàngmuniáng.

この標語の表す意味は「あなたは家を買わなくてもかまいませんよ。女房の母親を巧く処理できるなら」ということだ。つまり、「家がなくても二人の結婚を彼女に認めさせられるなら」ということだろう。しかし、これは不動産屋のコピーである。早い話、家を買わなければ、女房の母親がウンと言うはずがない、と言っているのだ。

不動産価格は最近値下がりが伝えられる。そうしたら次の一手を用意する。

房价不会跳水，只是在做俯卧撑。

Fángjià bú huì tiàoshuǐ, zhǐ shì zài zuò fǔwòchēng.
（家の値段は跳び込みとは違う。ただ腕立て伏せのように上下しているだけだ）

こう言われれば、庶民は安い今こそ買い時かと思う。

〝买房送老婆〟というコピーには驚かされた。文字通りに読めば「家を購入した方に嫁さんを進呈」と解釈できるからだ。よくお店がバーゲンセールなどで〝买三送一〟（三つ買えば一つおまけ）などとやって客を集めているが、あれと同じ文構造だから、「家を買うとお嫁さんをおまけに付けます」と言っているわけだ。

ただ、このコピーは微妙なところがある。「家を買う。その行為は自然とお嫁さんを引き寄せる」という意味合いもある。家を買えば、お嫁さんがやってくるのだ。事実、年頃の男性で家を購入できるようなら、婚約者がいる可能性が高い。

さらに〝买房送给老婆〟とも解釈可能だ。この意味を明確にさせるには〝给〟を入れることになるが、これなら「家を買って、奥さんにプレゼントしよう」となる。こういう紛らわしさ

のあることを承知で、ショッキングな広告を打ったものだろう。実際のところ、独身者からは結構問い合わせがあったらしい。まあ一種のギャグとわかって、熱も冷めたというが。

ほかにも同類がいるもので、同じ頃に〝买商铺送老婆〟という広告が現れた。これも結局は「店舗を買って奥さんにプレゼントしよう」という話だったそうだ。このあとも〝买房子送汽车〟やら〝买房子送坟地〟、〝买房子送黄金〟といった類似の広告が陸続と現れるところは、いかにも中国らしい。ただ、車や墓地や金などは本当におまけに付けることができるわけで、驚きも〝买房送老婆〟ほどではなかったという。

最近の家やマンションの購入を迫る広告はこのように手が込んできている。この間教えてもらったコピーは一瞬「?」であった。

木有房子，就木老婆。Mù yǒu fángzi, jiù mù lǎopo.
どんな意味か、ウエブで調べたら、香港の人気アニメのキャラ〝麦兜〟Màidōu が話す方言で、

〝木〟は〝没〟のこと。〝没有意思〟は〝木有意思、木意思〟という。つまり、

木有房子，就木老婆！
＝没有房子，就没老婆！
Méiyou fángzi, jiù méi lǎopo!

ということだ。「家がなければ、女房もなし」だ。さらに同じ会社のコピーにこんなのもある。

木有房子，就木自由！

これは「家がなければ、自由がない」という。しかし、無理をして家を手に入れてもその後が大変だ。つまり、〝有了房子，就没自由〟（家を手に入れたが、自由がなくなった）というのも現実だ。〝房奴〟fángnú という新語も生まれている。

こんなことなら、家も車も何もいらない。「結婚証書」さえあれば、あとは二人でなんとかなる、という考えの若者だって出てくる。〝裸婚族〟

luǒhūnzú という。これ見よがしの外車でなく、リヤカーに乗る新婦。二人に幸あれと応援したい。

なおBMWの三文字、中国人は〝別模我〟Bié Mō Wǒ（わたしにさわらないで）と連想する。

諺だっておいしいコピーになる

いつのことかもう覚えていないが、旅行で北京に数日滞在したことがあった。ホテルのテレビをつけると、さかんに咳止めのコマーシャルが流れていた。そのときのコピーはまさしく成語を活用したもので、〝刻不容缓〟kè bù róng huǎn（一刻も猶予がならない）のもじりで〝咳不容缓〟ké bù róng huǎn（咳はほうっておけない）というものだった。これなど「成語が広告に嫁ぐ」現象のはしりで、私は「うまいなあ」と感心し、今でも覚えているくらいだから、とても印象に残ったのだろう。

ところが、成語がこんな風に使われ出すと、反対運動も起こってきた。祖国の言語を汚すものという声だ。たしか海南省では〝不得用谐音篡改成语〟bù dé yòng xiéyīn cuàngǎi

chéngyǔ（語呂合わせで成語を改竄してはならぬ）という趣旨の法令まで施行された。なにしろ小学生など、コマーシャルで使われているほうを覚えてしまうのだ。それはそうだろう、毎日のように「新作成語」が連呼され、目に映るのだから。そのうち、学校では次の「新作成語」を正しい形に直しなさい、というような試験をするところまで現れたという。

1. 乐在骑中→乐在其中　2. 默默无蚊→默默无闻
3. 鸡不可失→机不可失　4. 天下无霜→天下无双

父兄や識者からは〝谐音广告亵渎民族文化〟xiéyīn guǎnggào xièdú mínzú wénhuà（語呂合わせの広告は民族文化を冒瀆するものだ）という反対の声が上がる。しかし、一旦火がついた、ことば遊びの感覚はもうとまらない。日本なら「ダジャレをやめろというのはダレジャー」というダジャレが生まれそうだ。中国だって、もともとが〝歇后語〟xiēhòuyǔ の素地があるところで、中国人は言語についてこだわりをもつ民族だ。今でも語呂合わせを楽しむ流れは勢いがあると私は見ている。例えば、インターネットにおける言語遊び

にも似た物言いの流行はその証拠だろう。

ＣＭに活用されるのは四字成語ばかりではない。もっと長い諺や俗言などでもこの傾向が現れてきた。

有痔不在年高。Yǒu zhì bú zài nián gāo.
（痔になるのは年のせいではない）

これは本来は〝有志不在年高。〟（年齢に関係なく人は志をもつべきだ）とあるところ、〝志〟を同音の〝痔〟zhì に替えたもの。もちろん痔のクスリの宣伝だ。次もよく知られた俗語で、

大事化小，小事化了。Dà shì huà xiǎo, xiǎo shì huà liǎo.
（大事を小事に変え、小事はないことにしてしまう）

この〝事〟を〝石〟shíにした。声調が異なるだけである。するとこうなる。

大〝石〟化小，小〝石〟化了。Dà shí huà xiǎo, xiǎo shí huà liǎo.

（大きな石を小さくし、小さな石はなくしてしまう）

これは結石を直すクスリの宣伝だ。次は諺、そのままである。

三十六计〝走〟为上。Sānshíliù jì zǒu wéi shàng.

（三十六計逃げるにしかず→いろいろあるが「歩く」が一番）

本来は〝走〟は「逃げる」という意味だったが、ここでは現代語として「歩く」の意味にとり、靴屋さんの広告になった。

この例のように、字をどこも変えずに「そのままでコピーに利用」というのは成語でも見られる。ただし、以下の引用符で囲ったあたり、意味解釈は少しズレがあるのが通常だ。

自讨〝苦〟吃 zì tǎo kǔ chī （進んで苦いのを飲む）〈薬屋広告〉

一〝毛〟不拔　yì máo bù bá（一本も毛を抜かない）〈理髪店広告〉
无所不〝包〟wú suǒ bù bāo（なんでも餃子にします）〈餃子店広告〉
〝当〟之无愧　dàng zhī wú kuì（質入れに何の恥ずかしきことある）〈質屋広告〉

これらの成語の本来の意味は辞書に出ているので、不明のものはお調べください。

中国傑作コピーあれこれ

中国は文字の国、ことばの国。日本よりもことばについてこだわりがある。そのことばの粋といったら〝广告词〟guǎnggàocí（広告コピー）だろう。商品を売るために必死になって脳みそを絞る。中国の傑作コピーと呼ばれるものはどんなものだろうか。

そう言われてまず指を折るのは、毀誉褒貶があるものの、わずか四字で人の気持ちをつかむ「成語活用コピー」だろう。〝脍炙人口〟kuài zhì rén kǒu（人口に膾炙する）という成語を利用して発音が全く同じ〝快治人口〟に変身させる。これで「すばやく人の口を治す」意味だから口腔治療のCMに使える。

〝口蜜腹剑〟kǒu mì fù jiàn は口ではおいしいことを言いながら腹には剣を隠している、つまり口ではうまいことを言い腹で陰謀をたくらんでいることだが、これを〝口蜜腹健〟とすればどうだ。「口で蜜を食べ、お腹は健やか」となる。ロイヤルゼリーの広告にうってつけだ。

「雨降って地固まる」を中国の成語で言えば〝雨过天晴〟yǔ guò tiān qíng だ。これと同音の〝语过添情〟とすれば「話をしたあと情が通い合う」という意味になる。電話バーのキャッチコピーになった。

〝喜出望外〟xǐ chū wàng wài は望外の喜びという意味だが、一字違いの〝洗出望外〟は車の洗剤の宣伝に使われている。「洗車したら想像以上にきれいになった」というぐらいの意味合いだ。

「いたれりつくせりの接待ありがとう」などというとき、

谢谢你们无微不至的招待！

Xièxie nǐmen wú wēi bú zhì de zhāodài!

というが、ここに含まれている〝无微不至〟、これをよく似た音の

〝无胃不治〟wú wèi bú zhì とする。すると「治らぬ胃はない」ということで、胃薬のコピーになる。

このような〝谐音〟xiéyīn、語呂合わせの許容度だが、最後の〝无微不至〟wú wēi bú zhì→〝无胃不治〟wú wèi bú zhì の例からも声調の違いぐらいは大目に見ていることがわかる。さらには音節末尾が -n か -ng かもあまり気にしないようだ。例えば〝一见钟情〟yí jiàn zhōng qíng（一目惚れ）を〝一见钟琴〟yí jiàn zhōng qín（一目で〝琴〟が好きになる）とする例などからうかがえる。といって「有気音」と「無気音」を混同してはいけない。そういう例はないようだ。

ただ、成語にしろ諺にしろ形が決まっているから、ある一カ所だけ全然別の語が登場しても「わかることはわかる」ので、数は少ないが音が全く別という場合もある。

〝人〟以稀为贵。Rén yǐ xī wéi guì.

（人は少なければ貴重だ）

これは〝计划生育〟jìhuà shēngyù の宣伝文句だが、本来は〝物以稀为贵〟wù yǐ xī wéi guì

（モノは少なければ貴重である）というところ、〝物〟wù の代わりにまったく別物の〝人〟rén を持って来たわけである。

次は正反対の成語を二つ並べたもの。

遺〝臭〟万年，流〝芳〟百世。Yí chòu wàn nián, liú fāng bǎi shì.〈臭豆腐の広告〉

（悪臭を後世に長く伝え、佳き名を後世に残す）

さらに次は諺をそのまま使った例。ただし、〝从头〟を「初めから」ではなく文字通り「頭から」と解釈し直しているところがミソ。

万事从头开始。Wànshì cóng tóu kāishǐ.〈理髪店〉

次は日本人にもおなじみの文句：「一夫関に当たれば、万夫も開くなし」。

一夫当关，万夫莫开。Yī fū dāng guān, wàn fū mò kāi.〈防犯ドア〉

さらには漢詩の対句を借用したものもある。

海内存知己，天涯若比邻。Hǎi nèi cún zhījǐ, tiān yá ruò bǐlín.〈移動通信〉

これは王勃の詩句から採ったもので「この世界で自分をよく理解してくれている者がいれば、たとえ地の果てにいても寂しくない」というぐらいの意味だが、通信会社にはまたとない一句だろう。

次も有名なものだが、ご存じ王之渙の《登鹳雀楼》の句に〝无须〟wúxū（～する必要はない）を付け加えたものだ。これも面白い。

欲穷千里目，无须更上一层楼。Yù qióng qiānlǐ mù, wúxū gèng shàng yì céng lóu.
（千里の眼を極めんとして、更に一階上に上る必要はない）〈望遠鏡〉

以上はすべて、先立つもの、成語であれ諺であれ漢詩であれ、元が存在し、それに寄りかかって訴求効果を上げている。そういう意味では先行表現にもたれかかっていると言えよう。

先行表現に頼らぬ、まったく創造的なコピーとなると次のようなものがある。

毒不死你，我不姓〝灭〟。Dúbusǐ nǐ, wǒ bú xìng miè.
（これで殺せなかったら、〝灭〟の名を返上します）〈〝灭鼠药〟ネズミ取り薬〉

进来是〝拖拉机〟，出去是〝法拉利〟。Jìnlái shì tuōlājī, chūqù shì Fǎlālì.
（やって来たときはトラクター、お帰りはフェラーリ）〈カークリーニング〉

我们公司的维修员是世界上最闲的人。
Wǒmen gōngsī de wéixiūyuán shì shìjiè shang zuì xián de rén.
（我が社の保守担当員は世界でもっともヒマな人です）〈家電会社〉

こういう傑作コピーを読むことが私の中国語学習の一つの愉しみになりつつある。

トイレに行く話

中国でのトイレというと、これはかつては恰好の話題であった。日本人仲間うちで己が見聞を披露し合い、ひとしきり大いに盛り上がったものである。

しかし、今時はすっかりきれいに衛生的になっているのだろう。すくなくとも北京や上海のような大都市では。

それに私は、トイレに関して蘊蓄を傾けられるほどの「通」でもなければ「マニア」でもない。ここでは、ことばの面から少しだけおさらいをしておこう、というぐらいの心づもりである。

「トイレに行く」は中国語で〝上厕所〟shàng cèsuǒ とか〝去厕所〟qù cèsuǒ と言う。動詞は〝上〟が使える。ところで、「トイレ」だが、いまどき「かわや」とか「便所」という日本人は少ないだろう。「トイレ」や「お手洗い」が一般的だ。

中国語でも〝厕所〟がもっとも普通だが、他の言い方もある。

我去洗手间。Wǒ qù xǐshǒujiān.（お手洗いに行きます）
我上化妆室。Wǒ shàng huàzhuāngshì.（化粧室に行ってきます）
我去卫生间。Wǒ qù wèishēngjiān.（トイレに行きます）

この三つはいずれも〝厕所〟と言うよりは優雅に聞こえる。すべてどこへ行くか、その場所名を言い変えたものだ。ほかにも〝去盥洗室〟qù guànxǐshì や〝去1号〟qù yīhào とか〝去WC〟などもある。これを名詞代替型と呼べば、動詞代替型もある。今度は「どこへ行くか」ではなく「何をしに行くか」、そこを言い換えるのだ。

よく知られているのでは〝方便一下〟fāngbiàn yíxià がある。これはもう「トイレに行く」とほとんど同義だ。すこしふざけた言い方だと、「小」のほうは〝浇花〟jiāohuā（花に水をやる）といい、「大」のほうを〝施肥〟shīféi（肥やしをやる）と言ったりする。〝去交一下水费。〟qù jiāo yíxià shuǐfèi（水道料金を払ってくる）なんてのもユーモアがあるが、外国人はここまで凝る必要はないだろう。

わたしは次のような「ちょっと電話を」ぐらいがいいのではないかと思うが、どうだろう。

我去打个手机。Wǒ qù dǎ ge shǒujī.（ちょっとケータイを）

我去接个电话。Wǒ qù jiē ge diànhuà.（電話がかかってきたので）

このほかに〝唱歌〟chànggē で「小」を表す言い方があるそうだが、これなど流行るような気がする。このほか、次もよく使われる。

我去洗一下手。Wǒ qù xǐ yíxià shǒu.（ちょっと手を洗ってきます）

我去补妆。Wǒ qù bǔzhuāng.（お化粧を直してきます）

われわれは用を済ませてから「手を洗う」、また用を済ませてついでに「化粧を直す」。目的はあくまで「トイレで用を済ませる」ことだが、それを直接には言わずに、その後にする行為を言うことによって、婉曲的にその前の行為を暗示するという手法である。行為をずらして表現する手である。

このほかにやや文言的というか古典的な言い方もある。

トイレにも標語が貼られているが、そこで〝如厕〟rù cè という表現を見つけた。調べてみると文言で〝如〟rù は「～に行く」という意味だ。同じように〝更衣〟gēngyī も文言的な表現で「トイレに行く」という意味がある。この二語はどちらも婉曲な物言いだ。

ほかにも〝解手〟jiěshǒu や〝内急〟nèijí という言い方があるが、こちらは書面語的で、文言というほどではない。いま挙げた四語はいずれも辞書に出ている表現である。

トイレの標語

トイレに入ると、よく標語を見かける。日本でも「あさがおの外にこぼすな露の玉」なんてのを見た記憶がある。標語王国の中国である。人を唸らせるのがあるに違いない。

日本もそうだが、トイレの標語の基本は「一歩前に」である。

向前一小步，文明一大步。

Xiàng qián yì xiǎo bù, wénmíng yí dà bù.

（前に出る、その小さな一歩が、文明的には大きな一歩）

なんだか、人類最初の月面着陸を果たしたアームストロング船長の言葉を思い出させるではないか。その中国語訳はこうだ。

这是一个人的一小步，却是人类的一大步。
Zhè shì yí ge rén de yì xiǎo bù, què shì rénlèi de yí dà bù.
（これは個人にとっては小さな一歩だが、人類にとっては大きな一歩だ）

〝一小步〟と〝一大步〟が共通だ。もうひとつ、トイレでよく見かけるのがこちらだ。

来也匆匆，去也冲冲。
Lái yě cōngcōng, qù yě chōngchōng.

これはうまく訳せない。〝来也匆匆〟は「あたふたと急いでやってくる」ということだが、それと音も類似の〝去也冲冲〟のほうは、「去るときも〝冲冲〟」という。この〝冲冲〟chōngchōngは「感情が高ぶっているさま」を表す。だが、それでは前後がうまく通じない。実はこの〝冲冲〟は「用を済ませたあと、トイレの水を流す」ことと掛けている。〝冲〟とは勢いよく水を流すことをいう。

それゆえ、次のような文化大革命時のような勇ましいポスターもある。〝冲啊！〟には「突

撃！」という意味があるが、ここは戦いを促すのではなく、トイレで「忘れずに水を流しましょう」というのである。

いちばんの傑作は次の標語だろう。これは〝向前一小步，文明一大步。〟を張り出してもあまり効き目がなかった。そこで一工夫したのだという。

尿不到池里说明你短，
Niào bú dào chílǐ shuōmíng nǐ duǎn,
尿到池外说明你软。
niào dào chíwài shuōmíng nǐ ruǎn.
（小便があさがおに届かなければキミのは短いということだし、小便があさがおの外にいってしまうようならキミのが軟らかいんだよ）

こんなのが目の前に貼ってあったら、男たるものちょっと焦るだろう。そこらあたりをうまく突いた標語だ。実際のところ、こちらは効果てきめんだったそうだ。

最後にトイレというと、昔読んだ、こんなジョークを覚えている。掲示板にうやうやしく「表彰」の記事が貼り出された。

表扬
Biǎoyáng

中文系013班徐自强同学在女厕拾到手机一部，交还给失主，特此表扬！
中文系主任

Zhōngwénxì líng yāo sān bān Xú Zìqiáng tóngxué zài nǚ cèsuǒ shídào shǒujī yí bù, jiāohuángěi shīzhǔ, tè cǐ biǎoyáng！
Zhōngwénxì zhǔrèn

（中文コース一三組の徐自強君は女子トイレで携帯を拾得したが、落とし主に返した、ここに表彰するものである。中文コース主任）

表彰されているのは、徐自強という名前からみて男性だ、それがどうして女子トイレに入ったのだろう？　後から「あれっ」と効いてくるジョークだ。

外国人向け　中国語問題

いま、ネット上でこんなクイズが流行っている。「中国語を用いての外国人向け問題」で、なかなか面白く、なかなか手強い。まずはやさしそうなものから。

〝小明，你要他那个礼物呢，还是我这个礼物呢？〟
"Xiǎo míng, nǐ yào tā nàge lǐwù ne, háishi wǒ zhège lǐwù ne ?"
〝那个……这个吧。〟
"Nàge ..... zhège ba."
Q：小明要哪个？
Xiǎo míng yào nǎge ?

二人の会話である。まず小明に「彼からのプレゼントがいいか、それとも私のこっちにする？」と尋ねる。それに対する返事が〝那个……这个吧。〟だ。まず〝那个〟といい、次に〝这个〟と言っている。確かにこれでは迷う。まあ、だからこそクイズになるわけだが、おそらく中国人なら誰でも解けてしまうだろう。だが、外国人にはちょっと難しい。そんな問題だ。

キーワードは最初の〝那个〟だ。実はこの〝那个〟は本当に「あれ、それ」とモノを指し示す用法の〝那个〟ではなく、人が「あの、そのう」と口ごもるときの〝那个〟なのである。したがって、小明の答えは「うーん、そうだな、……こっちにしよう」ということだ。結局、小明がほしがったのは〝这个〟「これ」ということになる。では次の問題。やはり小明と友人との会話だ。

〝小明，你想好了么？〟 "Xiǎo míng, nǐ xiǎnghǎo le me ?"

〝想好了。〟 "Xiǎnghǎo le."

〝你先说还是我先说？〟 "Nǐ xiān shuō háishi wǒ xiān shuō ?"

〝我说……你说吧。〟 "Wǒ shuō ..... nǐ shuō ba ."

Q：谁先说？ Shéi xiān shuō ?

やさしい中国語だから意味はわかるだろう。「小明、よく考えた？」「ああ、考えたよ」「じゃあ君が先に話すか、それとも僕が先に話そうか」。ここまでは問題ないだろう。さて、その後だ。〝我说……你说吧。〟と、ここでも字面だけみるとまるで「自己矛盾」のようだ。〝我说。〟「私が言う」と〝你说吧。〟「君が言え」が並んでいるのだから。ここでも実は最初の〝我说〟は「私が言う→私が思うに、そうだなあ」ということで、自分が発話するときの前触れみたいなもの。結局、〝我说……你说吧。〟の意味は「そうだなあ、……君が言えよ」ということになる。正解は「相手が先に言う」だ。

もうこの問題のパターンがおわかりだろう。最後の小明のセリフは一見矛盾しているように思える。しかし、よく考えるとキーワードに二義性があり、中国語をよく知らないとちんぷんかんぷんで混乱してしまうが、もう一つの意味に思い至ればめでたく解決する。そういう問題なのだ。

〝小明，你的牙真的很漂亮。〟 "Xiǎo míng, nǐ de yá zhēn de hěn piàoliang."
〝我牙是假的。〟 "Wǒ yá shì jiǎ de."
〝真的假的？〟 "Zhēn de jiǎ de ?"
〝真的。〟 "Zhēn de."
Q：请问牙是真的假的？ Qǐngwèn yá shì zhēn de jiǎ de ?

これは小明の歯が〝真的〟「本物」かそれとも〝假的〟「にせ物」かを問うている。上から順に会話を追って行くと「小明、君の歯は実にきれいだね」「僕の歯はにせ物なんだ」、ポイントはこの後の〝真的假的？〟というところだ。ここを「本物か、にせ物か」と解釈してはいけない。ここは「本当ににせ物?」という意味だ。それにたいして小明は〝真的〟「本当さ」と答えている。つまり正解は「歯はにせ物」ということになる。次はまた趣向が変わっている。

〝小明，小强说小红要来，　"Xiǎo míng, Xiǎo qiáng shuō Xiǎo hóng yào lái,
说曹操，曹操到。〟　shuō Cáo Cāo, Cáo Cāo dào."
Q：请问，谁来了，　Qǐngwèn, shéi lái le,
是小红，还是曹操?　shì Xiǎo hóng, háishi Cáo Cāo ?

人の名前が沢山出てくる。まず最初の部分は「小明、小強が言うには、小紅が来るそうだよ」というわけだから〝小红〟が間もなく来るらしいということがわかる。問題はその後の〝说曹操，曹操到〟だ。直訳すれば「曹操のことを言うと、曹操がやって来る」という意味になるが、これが実は諺で、日本語にすれば「噂をすれば影がさす」に当たる。小紅のことを言っていたら本当に彼女が現れたのだ。正解はもちろん「小红」ということになる。まさか三国志の英雄〝曹操〟を答えにする人もいまいと思うが、こういう諺があることを知らないと迷うに違いない。

それでは最後の問題。これは〝我晕〟wǒ yūn がキーワードだ。

〝你哪儿不舒服？〟　"Nǐ nǎr bù shūfu ?"

〝我晕，我好好的！〟　"Wǒ yūn, wǒ hǎohāor de !"

Q：那人到底有没有病？　Nà rén dàodǐ yǒu méiyou bìng ?

「どこが気分が悪いのか」と聞かれて、〝我晕〟と言い、またすぐに〝我好好的〟「私は元気です」と続けている。〝我晕〟は最近の新語であり、流行語だ。〝百度百科〟Bǎidù bǎikē や〝互动百科〟Hùdòng bǎikē を調べてみると、親切にも次のように解説している。「どうしようもない、お手上げだ、我慢できない、どう返事したらよいかわからない、まいるなあ、やってられないよ、手に負えないよ、手の打ちようがない、……そんなときには〝我晕〟を使える。もちろん本当に〈頭がくらくら、めまいがする〉時にも〝我晕〟と言ってよい」というわけで、ここでも〝我晕〟のもつ二義性を利用していることがわかる。この〝我晕〟は感嘆詞のように「やれやれ、まいるなあ」という用法で、正解は「病気ではない」ということになる。

やさしそうな問題を紹介したが、ネットには他にもわれわれ外国人ではとても歯が立たないような問題が並んでいる。若者ことばやネット用語に自信のあるかたはさらなる難問に挑戦してみたらどうだろう。

数が数を表さないとき（その1）

数が数を表さないときとは、どんなときか。こう言われてすぐに思いつくのは〝250〟、すなわち〝二百五〟ではないだろうか。辞書を引くと「おろか、少し間抜け」などと出ている。面白いのは〝二百五〟であって〝二百五十〟のほうにはそういう意味がないことだ。

しかし、それにしても何故〝二百五〟にそんな意味が生まれたのか。と言うと、これは語源の話になる。語源というのは、そもそもある語がどうしてそういう意味になるのかという話だから、語の誕生にまつわる。語の誕生だから昔の話だ。はっきりしない。それゆえ、言語学会とかまともな学会や研究者はあまりお取り扱いしていないのである。実際のところ、ある語がなぜそういう意味になったかについては科学的根拠を示せないものだから、「諸説紛々、喧々囂々、侃々諤々、議論百出」の様相を呈する。

それでも語の由来を知りたいという好奇心はある。それに応えるかのように、語源辞典や語源解説などがないわけではない。例えば〝二百五〟にはこんな説がある。

戦国時代、斉王は、大臣の蘇秦を暗殺した者を見つけるため一計を案じ、蘇秦の頭部を城門に掛け、「蘇秦は裏切り者だった。彼を殺した者には黄金千両を褒美として与えるので、取りに来るように」と記した。やがて四人が名乗り出て、「一人二五〇両ずつ分けたい」と申し出たのに対し、斉王が「この四人の〝二百五〟を死刑に」と命令した。

むろん、これは数ある説の中の一つに過ぎない。他にも、例えば『東方中国語辞典』（東方書店）の〝二百五〟の項にはこうある：

昔、銀五〇〇両を〝一封〟といい、二五〇両はその半分だから〝半封〟bànfēngと言った。この〝半封〟が〝半疯〟bànfēngと音通であるため、「おろか、間抜け」の意味が出た。という趣旨の語源説明がついている。もっともこれは、編集者の一人である私が、当時語源に興味があって、書き加えたもの。普通の辞書にはあまりこの種のコメントはついていない。

ところで、最近は〝你真二〟というような表現を見かける。これも「お前はバカだね」といった罵り言葉だが、〝二百五〟から派生したものではないかと言われている。なにしろ最近の物言いだから、語源的には割合わかりやすい。インターネット上で流行っている表現でまだ一般の辞書などには収録されていない。〝二百五〟と違い、ちょっと間が抜けている程度の軽い意味で用いられる。そのため、自分の失敗について自虐的に使うパターンも多いらしい。

最近はさらに〝2B〟といった言い方も見かける。もちろんこれは鉛筆の「2B」のことではない。〝牛B〟といえば「特別にすごい」ことだし、〝傻B〟なら「超バカ」だろう。それなら〝2B〟も想像がつくだろう。

数が数を表さないとき（その2）

もう一つ、数字だけで、それが数を表さず、人への罵りとして使われるものに〝三八〟がある。この語源も正確なところはわからないが次のように言われている。

清朝末年、八国聯軍が中国を侵略した時代、彼ら侵略者が悪行を行うのは、「三」か「八」のつく日が多かったという。彼らが街にやってくるのを見るや人々は〝三八鬼子又来了〟と言いながら逃げ回った。このことから、〝三八〟は乱暴で不作法で、ルールを守らないといった意味で〝这个人真三八〟などと使われる。

これに対して、もう一つの説がある。〝三八〟といえば誰でも三月八日の〝妇女节〟を思い浮かべる。だから、〝三八〟はもっぱら女性への罵りや悪口として使われるというのだ。女性の欠点といえば、「軽薄で、ちゃらちゃらしていて、いい加減で、おしゃべり好き」といったところか。そういう罵り言葉である。
身近な中国人に聞いてみると、こちらの説を支持する人が多いようだが、正確なところは筆者も不明である。

次は辞書にも出ている有名なもので、〝十三点〟というのがある。これは純粋に数字だけではなくあとに〝点〟がついているが、まず語源を紹介しよう。

江南地方で〝二百五〟より一般的に使われる言い方。由来は中国の有名民話『梁山伯と祝英台』に出てくる人物、梁山伯とその童僕（召使い）で、梁山伯の呉越語発音は「両三八」と似ており、童僕の名前は「四九」で、どちらも合計一三となる数字。両者とも間が抜けた人物として描かれているため、転じて〝十三点〟＝間抜け、の意味となった。
お芝居の中では、祝英台は梁山伯に、それとなく秋波を送るのだが、梁山伯は一向に気がつかない。そこから「あなたって本当に梁山伯（＝十三点）ね、私の気持ちも知らないで」といったニュアンスで使われるという。つまり、かならずしも相手を責めるのではなく、日本語でも「バカねえ」といえば相手に甘えている語感があるし、「ニクイ人」はちっとも「憎く」ないように、愛憎入り交じったニュアンスがある。甘えを含んだ〝嗔怪〟chēnguài（なじり）である。

この他にも諸説あり、例えば一九二二年に出た《上海指南　沪苏方言纪要》という本の中では〝痴〟と言う字の筆画が十三画であることに由来するという。さらには時を告げる鐘の音からくるという説もある。つまり十二時なら鐘が十二回鳴るわけだが、これを超えた十三回はあり得ない、つまり〝十三点〟はあり得ない、おかしなことだ、いかれているというわけだ。

いずれにしろ、〝十三点〟は上海など江南地方一帯でよく使われる「罵語」である。中国人が集まったところで話題にすれば、その由来、実際に使う語感など、話がはずむのではと思われる。そのにぎやかな場を想像するだけでも、上海で暮らす日本人の方がうらやましい。

喧嘩のセリフ（1）——諺なれど使えます

喧嘩のことばを知っていますか。日本には人を罵ることばが少ないような気がします。「バカ、阿呆、マヌケ、とんま」ときて、あとはあまり思いつきません。

中国語はどうでしょうか。少なくとも日本語よりは豊かではないでしょうか。とはいうものの、教科書には出てきませんし、先生から習った記憶もありません。実際、外国人である私たちが口にする機会もありません。あってもあまり勧められないときています。そんなわけで、これまで取り上げられることの少なかった「中国語の喧嘩のセリフ、罵倒語」ですが、この際少しご紹介しましょう。

まずは喧嘩というよりは、相手に文句を言うときですね。これはれっきとした慣用句というか諺です。

上梁不正下梁歪。Shàngliáng bú zhèng xiàliáng wāi.

〝上梁〟とは家を支える梁です。上の梁がゆがんでいると、下の梁も曲がってしまう。つまり上の人（上司、親など）が悪いと、下の者の心も歪んでいるという意味です。誰かが悪いことをしたときに、一緒にその親や上司なども非難するときの表現です。

A：你儿子仗着自己个子大，经常欺负其他小朋友。
Nǐ érzi zhàngzhe zìjǐ gèzi dà, jīngcháng qīfu qítā xiǎopéngyǒu.
B：弱者就是被欺负的，要怪就怪你们自己的小孩。
Ruòzhě jiù shì bèi qīfu de, yào guài jiù guài nǐmen zìjǐ de xiǎohái.
A：所谓上梁不正下梁歪，有你这样的妈，难怪小孩也那样！
Suǒwèi shàngliáng bú zhèng xiàliáng wāi, yǒu nǐ zhèyàng de mā, nánguài xiǎohái yě nàyàng !

訳　A：お宅のお子さんは図体が大きいことをいいことに、よく他の子どもをいじめますね。
B：弱い者は弱いからいじめられるんですよ、文句があるなら自分の子どもに言うんだね。
A：子が子なら親も親だ、こういう母親だからあんな子どもができるわけだ。

もう一つ、これも諺としてよく知られたものです。

鮮花插在牛粪上。Xiānhuā chāzài niúfèn shang.

「美しい花が牛の糞に挿してある」というのが直訳ですが、花は「きれいな女性」の比喩、それが牛の糞に指してあるとは、ブサイクな男性とカップルだということです。つまり男性のほうが醜く不細工で釣り合わないという悪口なのです。

A：我老婆这么漂亮，你羡慕吧？
Wǒ lǎopo zhème piàoliang, nǐ xiànmù ba？

B：她那是鲜花插在牛粪上！
Tā nà shì xiānhuā chāzài niúfèn shang！

訳　A：俺の女房、どうだいきれいだろう、うらやましいか？
B：牛の糞にきれいな花、お前とじゃ釣り合わないよ！

喧嘩のセリフ（2）——脳に水が入るとは？

人を罵ることばなぞ、日本人はほとんど使ったことがないのではないでしょうか。かくいう私もその一人ですが、実は一つだけよく使うセリフがあります。それは相手が何か訳のわからないことを言ったときに、「なにを言ってんだい、ちょっとおかしいよ」というぐらいの意味の言葉で、もちろんよほど親しい間柄でないと使えませんが、〝脑子进水了〟nǎozi jìn shuǐ le というのです。直訳すれば「脳味噌に水が入った」という意味です。

你是不是脑子进水了？（脳に水が入ったんじゃないの？）
Nǐ shì bú shì nǎozi jìnshuǐ le ?

これで「ちょっと頭がおかしいんじゃない」「ばかなことをするなよ」という場合に使います。次の例のように自分にも使いますが、よほど親しくないと人には言えません。

A：我脑子进水了，当初才会娶你！
Wǒ nǎozi jìnshuǐ le, dāngchū cái huì qǔ nǐ!
B：我脑袋被驴踢了，当初才会嫁给你！
Wǒ nǎodai bèi lǘ tī le, dāngchū cái huì jiàgěi nǐ!

訳　A：俺は脳に水が入ってしまって、それでお前を嫁にしちまった！
　　B：私はロバに頭を蹴られて、それであんたの嫁になったのさ！

「脳に水が入った」から、私はあんなバカなことをしたというわけです。面白いのは、それに対して、私も〝脑袋被驴踢了〟nǎodai bèi lǘ tī le（ロバに頭を蹴られた）だからあんたの嫁なんかになったとやり返していることです。夫婦が互いに悪態をついているわけですね。ここまでくると半ば愛情表現でしょう。

さらに〝脑袋被门挤了〟nǎodai bèi mén jǐ le（脳がドアに挟まれた）という言い方も同じように使われます。いずれの表現も、頭がいかれてしまい、それで正常な人ならやらない、おかしなことを言ったりやったりするというわけです。

「脳味噌」関連の三つの言い方の中では、最初に紹介した〝脑子进水了〟が最もよく使われます。これにちなんだこんな罵り表現もあります。

我真想给你脑子里安一个抽水马桶。

Wǒ zhēn xiǎng gěi nǐ nǎozi lǐ ān yí gè chōushuǐ mǎtǒng.

（お前の頭の中にポンプをつけてやりたいよ）

おわかりでしょう。〝抽水马桶〟chōushuǐ mǎtǒng とは「水を吸い上げて流す方式のトイレ」ですね。要するにポンプでお前の脳の中にある水を外に汲み出してやりたいという意味です。

喧嘩のセリフ（3）——夫婦や恋人なら許される？

罵りことばは使い方が難しいですね。夫婦とか恋人同士なら許される「罵り語」が、それ以外の人に向けられたらとんでもないことになる。そういえば〝你真傻。〟Nǐ zhēn shǎ.（あんたホントにバカね）というのは恋人同士でよく使われ、そのココロは「(女が男に)あんたがいとおしい」という意味だと聞いたことがあります。

方言に〝你个杀千刀的。〟Nǐ ge shā qiān dāo de. という言い方があります。人体をばらばらに切り刻む、古代中国の死刑が由来のことばです。「ろくな死に様はできない」というぐらいの意味ですが、今では、軽い感じで文句を言うときにも使われます。例えば女性が男性に甘えるように〝你个杀千刀的〟と言うこともあるそうです。日本語でも「あんたって、ホント、憎い人！」などと言います。罵り言葉を使って、逆に甘えているわけです。

軽い感じで使うといえば、あるブログで〝你个杀千刀的，我要灭了你全家！〟Nǐ ge shā qiān dāo de, wǒ yào mièle nǐ quánjiā！という標題をみつけました。すわ何事かと思いましたが、そこには蚊に食われた写真が載っていて、「蚊のやろうめ、一家皆殺しにしてくれる」という話でした。

こうしてみると、人を罵ることばは、恋人同士とか夫婦の間で言わせておくのが一番ですね。〝杀千刀〟も多くは妻のほうから旦那にこんな風に使うそうです。

你这个杀千刀的，整天不顾家里就在外面鬼混！
Nǐ zhège shā qiān dāo de, zhěngtiān bú gù jiāli jiù zài wàimian guǐ hùn！
（このくたばりぞこないめが、一日中家によりつかず外で何をしてんだか）

このように中国の古い制度に由来したり、中国独自の習慣を窺わせるものは表現にも味わいがあります。例えば次は中国料理と関わりがあります。

天生就是属黄瓜的，欠拍。Tiānshēng jiù shì shǔ huánggua de, qiàn pāi.

「生まれつきキュウリに属する」とはどういうことでしょう。実は中国にはキュウリをまな板に置いて上から叩いて作る前菜〝拍黄瓜〟pāi huánggua という料理があります。つまり「生まれついてのキュウリだから、叩かれる運命にある」。それなのに〝欠拍〟qiàn pāi、まだ「叩かれ足りない」というわけです。「憎たらしくて、殴りたくなるやつだ」という意味で使われます。

你个欺软怕硬的人，天生就是属黄瓜的，欠拍。
Nǐ ge qī ruǎn pà yìng de rén, tiānshēng jiù shì shǔ huánggua de, qiàn pāi.
（お前って奴は強い相手にはぺこぺこするくせに、弱い者を見るといじめる、まったくキュウリみたいにぼこぼこにしてやりたいよ）

〝欺软怕硬〟qī ruǎn pà yìng は四字成語です。「軟らかきを欺き、硬きを怖れる→弱いものをいじめ、強い者にはぺこぺこする」。

喧嘩のセリフ（4）——最新新作罵語

人を罵ることば、中国ではそういうフレーズが毎日のように生まれているのではないか、そう思われるフシがあります。それは〝最新骂人狠话〞zuì xīn màrén hěnhuà などという内容のサイトがウエブのあちこちに存在するからです。

二〇一二年版とか二〇一三年版などと銘打ってありますから、最新の罵語に違いありません。中国の〝骂人狠话〞ですから、〝他妈的〞tā mā de に代表されるように、性的なものが少なくないのですが、ここではそれらは遠慮して、私が選んだ現代風なものをお見せしましょう。

よくあるのは人の容貌を問題にするものです。例えば、

认识你，真好，不用去动物园了。

Rènshi nǐ, zhēn hǎo, búyòng qù dòngwùyuán le.

（あなたと知り合えて本当に良かった。これで動物園に行かなくても済む）

動物のどれかに似ているのでしょう。次は相手を豚だというものです。

想咬你一口，可惜我是回民。
Xiǎng yǎo nǐ yì kǒu, kěxī wǒ shì Huímín.
（あんたにがぶりと食いつきたいのだが、生憎イスラム教徒なので）

イスラム教徒なので、豚は食べられないというのです。さらにすごいのは、

你的长相突破了人类的想象。
Nǐ de zhǎngxiàng tūpòle rénlèi de xiǎngxiàng.
（あなたの容貌は人類の想像を超えています）

次は、同じようなのを日本でも耳にしたことがあります。

放心吧，你晚上一个人出去不会有危险，因为你长得够安全。
Fàngxīn ba, nǐ wǎnshang yí ge rén chūqu bú huì yǒu wēixiǎn, yīnwèi nǐ zhǎngde gòu ānquán.
（大丈夫、あなたなら夜一人で出かけても危険はないよ、その顔なら安全だよ）

まあ、いろいろ考えつくものです。

你长得很野兽派嘛！ Nǐ zhǎngde hěn yěshòupài ma!（顔が野獣派だね）
长得真有创意，活得真有勇气！
Zhǎngde zhēn yǒu chuàngyì, huóde zhēn yǒu yǒngqì!
（実に独創的な顔をしているよ、生きてくのにも勇気がいるね）

最近話題の世界遺産までとびだしました。

我从没见过长的这么有考古价值的，可以做为世界遗产啦～～
Wǒ cóng méi jiànguo zhǎngde zhème yǒu kǎogǔ jiàzhí de, kěyǐ zuòwéi shìjiè yíchǎn la ～～

（これほど考古学的価値を有する顔は見たことがない、世界遺産に登録できるのでは――）

最後は、私のお気に入りです。

你一出门，千山鸟飞绝，万径人踪灭。
Nǐ yì chū mén, qiān shān niǎo fēi jué, wàn jìng rén zōng miè.
（あなたが一歩外に出るや、千山鳥飛ぶこと絶え、万径人蹤滅す）

有名な柳宗元 Liǔ Zōngyuán の古典詩《江雪》Jiāng xuě を活用して、これはお見事です。宴会などで使いたい人は、主語を〝你〟ではなく〝我〟にしたらいけますよ。

喧嘩のセリフ（5）――反論反駁、切り返し

〝吹牛皮〟chuī niúpí というイディオムはご存じでしょう。「ホラを吹く」とか「大風呂敷を広げる」という意味ですね。次はこれを使った罵り語です。

吹牛皮不打草稿。Chuī niúpí bù dǎ cǎogǎo.

〝吹牛皮〟のあとに〝不打草稿〟が続いています。〝打草稿〟とは「下書きをする」。つまり、「原稿の下書きをしてよく準備をしておく」ことです。ところがそれが〝不〟で否定されていますから、「ホラを吹くのに、下準備もせずにでたらめを言う」＝「すぐバレるようなウソをつく」ことを指します。

A：小姐，您想要兼职吗，不如到我们这儿吧，包你一个月能挣十万。

Xiǎojiě, nín xiǎng yào jiǎnzhí ma, bùrú dào wǒmen zhèr ba, bāo nǐ yí ge yuè néng zhèng shí wàn.

B：吹牛皮不打草稿，你以为老娘是无知少女吗？

Chuī niúpí bù dǎ cǎogǎo, nǐ yǐwéi lǎoniáng shì wúzhī shàonǚ ma？

訳　A：お嬢さん、バイト希望ですか、ウチにいらっしゃい、一カ月で一〇万は稼げますよ。

B：見え透いたウソをつくんじゃないよ、あたしをうぶな小娘とでも思っているのかい。

このように、相手に対して反論反駁、切り返しといった場合にもよく罵倒語が使われます。次もそういう場面で言われるようです。

你也不撒泡尿照照自己？　Nǐ yě bù sā pāo niào zhàozhao zìjǐ?

〝撒尿〟は「おしっこをする」ですね、間に入っている〝泡〟は量詞です。おしっこをすれば水たまりができます。それを鏡として、〝照照自己〟（自分を照らして見てみな）というわけです。「てめえの小便で自分を映してとっくり顔を見たら」というのが直訳です。〝不〟が気になりますが、「どうして～しないのか」という一種の反語です。

A：像你这样的矮胖子，一辈子都找不到媳妇的吧。
Xiàng nǐ zhèyàng de ǎi pàngzi, yíbèizi dōu zhǎobudào xífu de ba.
B：什么？ 你也不撒泡尿照照自己，就你那营养不良的瘪三样，姑娘见了都会吐的。
Shénme? Nǐ yě bù sǎ pāo niào zhàozhao zìjǐ, jiù nǐ nà yíngyǎng bùliáng de biēsānr yàng, gūniang jiànle dōu huì tù de.

訳　A：お前みたいなチビでデブは、一生お嫁さんとは縁がねえだろうなあ。
B：何だと、てめえこそ小便して自分の面を映してみろってんだ、その栄養不良のごろつき面じゃ、娘らも願い下げだとよ。

〝瘪三〟は上海語からきた「ごろつき、浮浪者、ならず者」のこと。それにしても売りことばに買いことば、なかなかきつい応酬です。

喧嘩のセリフ（6）――これはきつい　呪いの一言

英語のワンパターンとよく似た発音で有名なのが〝王八蛋〟wángbādàn です。相手を罵る単語としては最もポピュラーなもので、よく〝乌龟〟wūguī とペアで使われます。

乌龟王八蛋　wūguī wángbādàn

古代中国では「孝、悌、忠、信、礼、義、廉、恥」を〝八端〟bāduān と呼び、人が持つべき徳を表しました。〝忘八端〟wàng bāduān はこれら八つの徳目、すなわち人間の根本を忘れたという意味で、これがやがて発音が類似の〝王八蛋〟（すっぽんの卵）と言われるようになったそうです。まあ、こういう語源はいろいろ異説があるので聞きおくにとどめて下さい。また、亀のことも、そのお腹の柄から〝王八〟と呼び、同じ意味の連用合体で生まれたのがこの〝乌龟王八蛋〟。意味は単純に「バカ野郎」とか「阿呆」あたりでしょうか。

Ａ：对不起，我和你女朋友在一起了。
Duìbuqǐ, wǒ hé nǐ nǚ péngyou zài yìqǐ le.
Ｂ：乌龟王八蛋！ 亏我对你这么好，你竟然恩将仇报。
Wūguī wángbādàn! Kuī wǒ duì nǐ zhème hǎo, nǐ jìngrán ēn jiāng chóu bào.
訳　Ａ：悪い。俺、お前の彼女と一緒になっちゃった。
Ｂ：このバカ野郎！ お前にはあれほどよくしてやったのに、恩を仇で返すとは。

「悪いことをしたら罰が当たる」という意味では〝小心遭天打雷劈〟xiǎoxīn zāo tiān dǎ léi pī があります。雷に打たれるという天罰が下るというものです。

要摸着良心说话，你们这群扭曲事实的人呐，小心遭天打雷劈！
Yào mōzhe liángxīn shuōhuà, nǐmen zhè qún niǔqū shìshí de rén nà, xiǎoxīn zāo tiān dǎ léi pī！
（良心に従って話をするんだ、お前らのような平気でウソを並べる奴は、いつか雷に打たれて死んでしまうぞ）

さらに〝祝你断子绝孙〟zhù nǐ duàn zǐ jué sūn というすごいのもあります。〝祝〟を使っていますが、これは呪いのことばです。「息子や孫（子孫）ができないように」と、相手を呪うわけで、中国では「子孫ができないのが最大の親不孝」ですから、これはきついことばです。

逃跑的肇事者，祝你断子绝孙。
Táopǎo de zhàoshìzhě, zhù nǐ duàn zǐ jué sūn.
（逃走した轢き逃げ犯よ、お前の家が断絶するよう呪ってやる）

さらに似たような意味合いですが、〝生个孩子没屁眼〟というのもあります。これは仏教の因果応報の考えに基づき、「相手が犯した罪は、将来その人の子どもの身に報いとなって現れる」とするものです。

敢偷我的钱包，诅咒你生个孩子没屁眼。
Gǎn tōu wǒ de qiánbāo, zǔzhòu nǐ shēng gehaízi méi pìyǎnr.
（我が財布を盗んだ者よ、子どもが生まれたらその子には尻の穴がないだろう）

こんな子どもはすぐに死んでしまいますから、結局一家断絶につながるわけです。

最後に〝最毒妇人心〟zuì dú fùrén xīn, これは「女性は恐ろしい」というセリフです。これも典拠があります。商の滅亡と周の復興を描いた古代中国の神話『封神演義』の主人公の一人である姜子牙は、暴君の商紂王を怒らせ、逃亡を図りますが、妻を連れて行くべきかどうか悩んでいたところ、妻は彼を無能と責め、離縁状を要求。姜子牙は〝最毒妇人心〟（最も残忍なのは婦人の心）と嘆いたそうです。女性の残酷さを非難するときに使います。

A：你妈的死活关我什么事，我又不是她生的。
Nǐ mā de sǐhuó guān wǒ shénme shì, wǒ yòu bú shì tā shēng de.
B：果然是最毒妇人心，我们离婚吧！
Guǒrán shì zuì dú fùrén xīn, wǒmen líhūn ba!

訳　A：あなたのお母さんが死のうが生きようが私とは関係ないでしょ、私を生んでくれたわけでもなし。
B：なんと冷酷な、離婚しよう！

このセリフを含めて、あらゆる罵詈雑言、使わないで済めば、人生それに越したことはありません。

第三章　日中いぶこみの影

「いぶこみ」とは「異文化コミュニケーション」の略で、筆者の造語である。

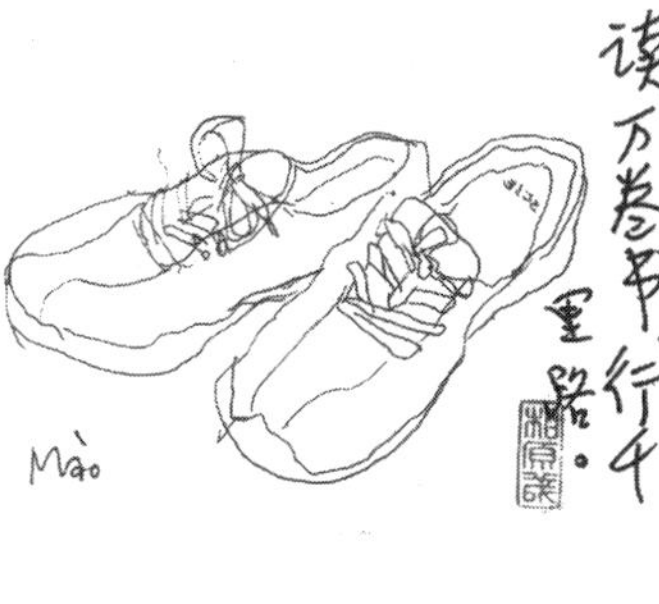

親と子と孫

憑小剛監督の《唐山大地震》を見た。感動的な映画だったが、主題は親子の情である。

大地震がおこる。二人の子ども、姉と弟が生き埋めになる。コンクリートの塊の両端が二人にのしかかっている。一人を救おうと一端をもちあげると、テコの原理で、もう片方にいる子が押しつぶされてしまう。どちらか一人しか救えない。母親は残酷な決断をせまられる。とうとう最後に声を絞り出すように「弟を救って」というが、その声は生き埋めになっている姉の耳にも届く。

生き延びた姉はほかの人に救われて別の人生を歩む。母親と助けられた弟はそのことを知らない。

家族は十数年後に再会を果たすのだが、この映画の中で一つ、わからないところがあった。

母親と一緒に暮らしている息子とその嫁が言い争いをしている場面だ。春節をどちらの家で過ごすかを言い争っているのだ。どちらも自分の親が大事だ。嫁はまだ自分の実家に子どもをつれて行ってないと主張する。息子のほうは自分の母親一人で正月を過ごさせるわけにはゆかないと言う。

結局、どうしたか。夫婦二人は嫁のほうの実家に行く。そして生まれて一年ぐらいの子どもは息子の母親のもとに置いてゆくのだ。これを称して、

〝把孙子陪奶奶〟bǎ sūnzi péi nǎinai（孫をおばあちゃんに付き添わせる）

という。子どもを置いてゆくことに驚いた。おばあちゃんに厄介事を押しつけているようではないか。ところがそうではないのだ。

中国では一人で正月を過ごすというのは考えられない。乳飲み子でもそばにいたほうがよいと考える。何もできない嬰児がおばあちゃんを〝陪〟péi するのである。この〝陪〟という語はよく次のように使われる。

我买衣服去，你陪我吧。Wǒ mǎi yīfu qù, nǐ péi wǒ ba.

（服を買いに行くんだけど、私に付き合ってよ）

ここからもわかるように、〝陪〟する人がサービスをする側である。だから孫のほうが、おばあちゃんが寂しくないようにとサービスするという考え方である。何もできない乳飲み子でさえ、それだけの働きを認められている。いかに子どもの作用を重く見ているかがわかる。子どもは存在するだけで奉仕するのだ。

最近犬を飼うことになった。「飼うことになった」とは無責任な言い方だが、知り合いの中国人が、中国に帰国することになった。犬を連れて帰るのは厄介だ。税関で一カ月ぐらい留め置かれる。その間の待遇が心配だ。病気になったらどうしよう。そんなこんなで私が引き取ることになった。で、犬は手がかかる。朝と晩に散歩する。そのつど、広大な屋外がトイレになる。きちんと用を足してもらわないといけない。その後始末のために、ちり紙やナイロン袋を携帯する。言い忘れたが犬はダックスフンドで、室内犬である。とても人なつっこくて、私について回る。まるで子どもができたようである。手間はかかるが、可愛いし、こちらが癒される。そのとき、思い到った。これは「乳飲み子に〝陪〟させるというあの感覚と同じだ」。

こんな中国だからこそ、日本人残留孤児が生き延びてこられたのではないか。
子どもがいなければ貰う。養子をとる。夫婦二人で生きてゆくという選択もあるはずだが、日本よりも「養子をとる」という決断を早くするようだ。子どもあっての家、子どもあっての人生という観念が強い。

だから、日本にいる中国人は最近の日本における児童虐待のニュースを聞いて思う。子どもがそんなに負担ならば、親に預ければいいのに、と。中国ではおじいちゃん、おばあちゃんは孫の世話をすることが生き甲斐だ。日本は何故そうしないのか。どちらにとってもよいのに。中国では遠く離れた故郷にいる年老いた親に孫の世話を頼むというのは少しも珍しくない。子どもはもちろん両親の子どもであるが、一方で「家の子ども」という意識も強いのだろう。

だが、子どもを親に預けるというのは問題もある。そもそもが夫婦共働きでないと経済的にも苦しい。だから妻も仕事を休めない。おじいちゃん、おばあちゃんのところに子どもを預けようということになる。子どもは順応性が強いから、すぐにおじいちゃん、おばあちゃんになつく。母親は月に一二度訪ねて行くぐらいだ。子どもにとってはまるで「知らないおばさん」になる。親子の情にひびが入る。

また、おじいちゃん、おばあちゃんは、孫が可愛い。どうしても甘やかす。何でもいうことを聞いてあげる。だから、母親がしばらくぶりに子どもと会うとすっかり「小皇帝」に変わっていることに愕然とすることも少なくない。わがまま放題になっているのだ。

さらには、教育の問題も言われている。教育は親から子というのが流れだろうに、祖父母から孫という一世代飛び越えた教育が行われるのだ。どうしてもそこに微妙なギャップが生まれる。

だが、親が大切な子どもを祖父母に預けるということは、もう一つの考え方をとれば〝把孙子陪爷爷奶奶〟（孫を祖父母に付き添わせる）でもあるのだ。祖父母孝行、つまり自分の親への孝行でもあるのだ。やっかいごとを押しつけるというのではない側面がある。

ある中国人が日本人に、どうして子どもを祖父母に預けないのですかと聞いた。日本人は答えた、「こんな可愛い子をどうして人に預けられますか」。それを聞いた中国人は思った。人に預けるとどうされるかわからない。人を信用できないのだ。中国人は保育所なども含め、人に預けることをそう躊躇しない。この点では日本人はあまり人を信じないようだ、と。

この話を聞いて私は言った。そうではない。これは「こんな可愛い盛りの子どもを人に預けるなんてもったいなくてできない、と言う意味です。人生で最も可愛い時期を我が子と一緒に過ごしたい、そう日本の親は思うのです」

確かに中国のほうが保育所などに預け慣れているし、また内陸部から都会に出稼ぎに来る「子守」の人に子どもを任せることに抵抗がない。最近では「プロの育児師」などを雇って子どもの教育係にする。愛情は愛情、教育は教育と分けて考えているところもある。

日本と中国、何がわからないといって、こういう人と人に関わる感情の形がもっともわかりにくい。

完全犯罪

友人に建築士の仕事をしている人がいる。中国はハルビン市からコンペの依頼があったそうだ。なんでもサッカーなどの競技場とホテルが合体した建造物を造る話だった。こういう建物は私も上海で見たことがある。競技場の外壁の部分を利用して、そこをホテルにするものだ。日本ではあまり聞いたことがないが競技場とホテルの一体化で、なかなかのアイデアだ。

中国からも、さらに日本や外国などからも、全部で一〇社ぐらいがコンペに参加した。が、結局入選作品はなしという結果に終わった。ところが、友人が言うには、あとから競技場は作られたことを知った。地元のハルビン工業大学が設計を担当したそうだ。しかも、驚いたことにその設計は友人らが応募した作品とそっくりであったという。

二〇〇〇年頃の話で、友人は「うまくはめられた」と言っていたが、中国では司法が独立していないから裁判に訴えても難しそうだと、結局、そのままになってしまったそうだ。

なんだか、いま中国で走っている鉄道に、日本の新幹線の技術をうまく使われた話を思い出す。あれも「合法的に」はめられた部類だろう。

そこで私は考えた。報復の手はないものか。

私はよく中国語のテキストを編む。その本文だが、教師が考えるものはたいていつまらない。そもそも入門のテキストである。〝ニーハオ〟から始まって、「名前は何ですか」とか、「何人家族ですか」とか「学校は何時に終わります」などおよそつまらない。さらに、必要な文法事項を学ばねばならない。文法事項にもある程度、習得順序というものがある。〝把〟構文を学ぶ前に結果補語などを学習済みでなければならない、などというものだ。

そういう制限がある中で、作家でもない教師がつくるわけだから、面白くないのが普通なのだ。そこで私は思い切って教科書の本文ストーリーを中国の作家にお願いしたらと思った。それも数人の作家にコンペの形で頼む。一等入選を採用し、二〇万円の原稿料とする。

そして、「今回は残念ながら入選作はありませんでした。文法事項の制限を破っていますし、必要な語彙が十分取り込めておりません」などと言いわけをする。そしてこっそり面白そうなストーリーを取り入れてしまうのである。これならほぼ完全犯罪ではあるまいか。文句が来たら、いやこちらでも同じようなことを考えた作品があったとか、細部はずいぶん違いますとか、言い訳などなんとでもなりそうだ。

と、まあここまで考えることは考えても実際の行動には移せないのが日本人の悲しいところだ。さらにあろうことか、私はこの「中国の作家に本文を依頼する」というアイデアが気に入ってしまい、本当にお気に入りの作家に執筆を打診してこの企画を実行してしまった。

もちろん報酬も契約もきちんとルール通りにやりました。

日本と中国とのちょっとしたやりとり

年に一冊ぐらい中国語の教科書を編んでいる。出版社に頼まれてという場合もあるし、知り合いの先生から一緒にやりませんかと誘われることもある。もちろん自分から話を持ちかけることもある。いま手がけているのは最後のケースだ。自分から出版社に企画を持ち込んだものだ。

ふつう教科書はまず本文があって、それからイラストがある。イラストは本文に添えるもの、「本文が先、イラストは後」である。ところが今手がけている教科書は違う。「はじめにイラストありき」、なのである。イラストに本文を添えた。どういうことか。

購読している中国の雑誌が、あるとき中国の各界における若手新鋭十五人を特集していた。写真家や建築家などが名と作品を連ねるその中に、イラストレータ（中国語では〝插画师〟と呼ばれる）が数名取り上げられていた。ページをめくってゆくうちに、一つの作品に出会った。作者は林丹娜さんという。広東省スワトウ在住の若手女性イラストレーターである。

一目見るや、なんとも言えない懐かしさに捉われた。絵をながめていると、その向こうに中国の人々の童年が浮かび上がってくる。絵のタイトルは「糖紙記憶」という。「糖紙」とは「キャンディの包み紙」だ。子どもの頃、飴を食べ、その包み紙を平らに伸ばして大事にとっておく。透明なセロファンに綺麗な印刷がしてある。宝物のようにそれを集める。そんな時代があった。わたしはこのイラストの背後にある中国の「きらきらの童年時代」、それを本文として描いてみようと思った。ちょうど日本における「三丁目の夕日」のように。

作者本人と連絡をとらなければならない。このごろはよくしたものでたいていホームページを持っている。そこでメルアドを知り、早速メールを出した。数日後に返事がきた。好意的な内容だった。

それから具体的に、どんな教科書なのか。いつ頃出版するのか。出版社はどこで、どういうふうにイラストを使うのか。使用料はいくらか。などをメールで相談した。

それにしても見知らぬ人との話である。簡単に信用してはもらえない。お金の支払いはどういう形をとるのか。お前は中国人か日本人か。契約書はどうするのか。など核心的な話題が出てくる頃は、もう数回メールのやりとりをして、話もだいぶ煮詰まってきた時分だ。

ちょうどその頃、中国の人気女流作家田原と編んだ初級テキスト『君に捧ぐ永遠』（朝日出版社）ができあがってきた。これ幸いとこの本を彼女のもとに送り、これで大方信用してもらった。契約書は、教科書の場合は特につくらないことが多い。われわれ二人がこうしてメールをやりとりしながら条件をつめている。これが契約書と思ってくださいと応じた。

その後は順調に仕事が進み、六カ月後には挿画の仕事は完成した。印刷用の正式原稿が何回かに分けてメールで送られてきた。日本側にデータが到着すれば翌月には原稿料を支払うという約束である。

出版社内での会計手続きも終わって、さて送金となった。念のため銀行に問い合わせたところ、法人が送金する場合、人民元では相手に送ることができない、日本円かアメリカドルに限られるという。人民元と円の直接取引はない。これは困った。私は林さんとの交渉で、イラスト一枚の原稿料を人民元でいくらと決めていた。大きい絵やら、小さいの、旧作、新作を含め、事細かくすべて人民元で値段を決めていた。人民元で払うのが一番明瞭だ。

どうするか。こういう場合、会社などの法人名ではなく、個人名で送金する。つまり個人的な関係にある者、親戚とか友人とかが、「生活費」としてお金を送るという形をとる。これはウソである。しかし、仕方がない。中国には制度上ウソもやむを得ないということが、これに限らずままある。

五月のある日、出版社の社員が送金のため東京にある中国工商銀行に赴いた。ところが、書類を出すときになって、やはり社からの送金とわかったほうがよいかと考え、つい自分の名前の前に「××出版社」の五文字をつけてもよいかと尋ねてしまった。それで原稿料であることがばれてしまい、いったん引き下がらざるを得なかった。その日はあいにく担当者が一人で、すでに社員の顔も覚えられているのであきらめて帰った。

そんなわけで、翌々日だかに再挑戦、無事人民元で送金できたのだが、これはまだ日本円と人民元が直接取引できなかった、二〇一二年六月一日以前の話である。

食事は残さず食べましょう

今年も六月が過ぎた。ということは一年の半分が過ぎたということだ。それに合わせるかのように、中国では「二〇一三年上半期のホットワード」が発表された。最近は中国では、こまめにこういう言葉に関する発表がよくある。ただし、お上がやることだから、そんなに面白くはない。〝中国梦〟Zhōngguómèng とか〝神舟十号〟Shénzhōu shíhào や〝H7N9禽流感〟HqīNjiǔ qínliúgǎn（鳥インフルエンザ）など一〇個のワードが簡単な解説とともに並んでいる。

その中で目を引いたのが〝光盘行动〟guāngpán xíngdòng だった。これはどんな意味だろう。〝光盘〟はCDディスクだ。それが行動を起こすとはどういうことか。解説を読んでみると、私の見当違いだった。〝光盘〟とは「料理の皿を空にする」こと。つまり〝光盘行动〟とは出された料理を残さずに食べることを奨励する運動のことだった。

中国人は家では食事もつつましやかに、無駄なく暮らしているのに、外のレストランで人を招待しての食事になると、食べきれないほどの料理を注文して、見栄をはるところがある。また私たちも学校の授業で「中国人に招待されたら、料理は全部食べずに少し残すよう」教わっている。それが一転して、全部きれいに食べましょうという運動がはじまったらしい。

おもしろそうなので、googleで画像検索をかけてみた。するとレストランの服務員らしき女性が大きなお皿を手に入り口のところに立っている写真がまず出てきた。皿には

〝我是光盘族，对浪费说ＮＯ！〟Wǒ shì guāngpánzú, duì làngfèi shuō NO!

（私は食事はきれいに平らげる人です、浪費にはノーを突きつけよう）

とか〝今天不剩饭，从我做起〟Jīntiān bú shèngfàn, cóng wǒ zuòqi.（今日は食べ残しをしません。自分から進んで実践します）などとスローガンらしきものが書いてある。他にはテレビのキャスターらがこの運動に賛同してボードに決意を書いている画像とか、料理をきれいに食べた後のテーブルとか、節約を呼びかけるポスターなどが出てくる。さらには小学校や幼稚園の子どもたちが、なめたようにきれいにしたお皿を自慢そうに見せている写真もある。習近平主席が打ち出した節約、贅沢禁止令とも関連づけられ、大きなムーブメントになっていることがわかる。

まあ、限りある資源を有効に使いましょうということだから、良いことには違いないだろうが、こんな風に何でもキャンペーンにしてしまうところが中国的というか、ちょっと違和感をおぼえる。

このあいだ、私は近所の中華料理のお店に入った。昼時で、ごくありきたりのランチを注文したら、皿に山盛りの肉炒めが出てきた。私は小食のクチで、この三分の一ぐらいで十分だ。ほかのものはすべて頂いたが、この肉の山は半分ぐらい残してしまった。こういうときも中国で、〝光盘行动〟を展開しているお店に入ってしまったら無理にでも食べなくてはならないのだろうか。自分がお金を出したもので、たまたま予想よりも沢山出てきたわけで、なにも無理して食べなくてもよいのではないか。いやいやながら食べてお腹を壊すのもいやだ。むしろ残したほうがお店にとってもよいのではないか。お客の多くが残すようなら、店のほうも一人分はもう少し少なくてもいいとわかって、適量の料理を出すようになるかもしれない。

総体的には正しいことでも、個人の趣味や人権にまで口出しされることは、ごめん被りたい。中国語には〝少管闲事〟shǎo guǎn xián shì（よけいなお世話）という言葉もある。

しかし中国には中国の事情がある。例えば中国では料理の量を少なくして、その結果値段を下げるようなことはまずしない。となると、あとは客は〝打包〟dǎbāoして残った料理を持ち帰るしかない。日本ではお持ち帰りは、味が変わったり、変質するのを怖れ、あまり歓迎されないが、中国では広く行われている。こんなところにもそれぞれの「お国事情」がある。

中国の差別語　制限の動き

中国語には、あからさまな「差別語」的表現がある。例えば思いつくものだけでも〝瞎子〟xiāzi や〝聋子〟lóngzi、〝瘸子〟quézi、〝哑巴〟yǎba などがある。小説などではごく普通に出てくることばだ。

日本ではすでに差別用語として、使うことがためらわれる。そういう空気というか、気分がある。われわれは確かに、日常生活においてはこれらの語彙に相当する日本語をあえて使う必要がないが、作家などにとっては不自由を覚えることはあり得るだろう。そのせいか、差別語として使用を制限されたことに反発する人もいる。ただ、一般人は作家でもないゆえか、わざわざ使う気にもならず、日本ではまあ落ち着いた情況を呈していると言えるのではあるまいか。

そういう感覚をもっているわれわれが、中国語の小説などを読む。するとそこには先ほど挙げたような差別語相当語句が、堂々と出てくる。正直なところ「いいのかいな」という違和感を覚える。

子どもが楽しむクイズがある。《脑筋急转弯》Nǎojīn jízhuǎnwān というのだが、私は暇つぶしにときどきひもとくことがあるのだが、そこにこんな問題が出ていた。

黑人为什么喜欢吃白色巧克力?
Hēirén wèi shénme xǐhuan chī báisè qiǎokèlì ?

答えは〝怕咬到自己的手指〟pà yǎodào zìjǐ de shǒuzhǐ というのであった。他愛のないクイズではあるが、ちょっと気になる。こんなのもある。

黑人不必担心哪一件事?　Hēirén búbì dānxīn nǎ yí jiàn shì ?

さてなんだろう。答えを看てみると〝晒黑〟shàihēi とある。

最不听话的人是谁?　Zuì bù tīnghuà de rén shì shéi ?

これは〝不听话〟bù tīnghuà に二義性があることを利用する。普通は「言うことをきかない」という意味と、もう一つは文字通り「人の言うことを耳にしない」である。答えは〝聋子〟。もう一つ、

正常人不看的书是什么？ Zhèngchángrén bú kàn de shū shì shénme ?

この答えは〝盲文书〟mángwénshū である。「点字本」を見るのは「正常な人ではない」というとらえ方はとうてい受け入れられない。

こんな思いを抱くのは私に限らないだろう。少しでも中国語ができる人は多かれ少なかれ感じているだろう。それに応えるかのように二〇一三年一月二十八日、深圳大学文学院教授の王暁華氏が、《北京日報》に《以平等理念推动汉语的现代转型》Yǐ píngděng lǐniàn tuīdòng Hànyǔ de xiàndài zhuǎnxíng と題する長文の意見を載せた。一言で言えば、差別的匂いのする語句を制限し、中国語の大転換をはかろう、というものである。

実は中国でもこういうような動きが全くなかったわけではない。例えば「身体障害者」を意味

する語が、以前は〝残废人〟cánfèirénというのであった。いくら何でも〝废〟とはひどい、「廃品、廃用」の「廃」である。「役立たず」の意味である。これは後に〝残疾人〟cánjírénと改められた。

最近《现代汉语词典》の第6版が出版された。そこに多くの新語、例えば〝山寨〟shānzhàiや〝宅男〟zháinán、〝宅女〟zháinǚなどが採録されたが、〝剩男〟shèngnán、〝剩女〟shèngnǚは採録を見送られた。その理由が「すでに〝大龄青年〟dàlíng qīngniánというような語があるのに、〝剩〟（残りもの）というレッテルを貼った〝剩男、剩女〟という語は、これらの人々を見下げていると思われ好ましくない」というものだった。ここでは〝剩男、剩女〟が差別意識を含む、好ましからざる語ゆえ、辞書に収めないと述べているわけで、辞書編纂のあり方として議論を呼んだ。

このように中国でも、人をさげすむような、差別するような語について気にかける風潮が生まれつつある。このような動きが、今後どのように推移してゆくかは見守ってゆく必要があるだろう。ただ、事が中国の言語政策に関わるゆえ、軽率な意見は控えたいと思う。

ここで私が述べておきたいことは、われわれのような外国人の中国語学習者は、そもそもどれが差別的語彙なのか、実感がわかないものがあるということだ。もちろん、わかりやすいものもある。例えば次に挙げるような、いわゆる「歇后語」に出てくる例は最もわかりやすいものだろう。

〝聋子的耳朵——摆设〟lóngzi de ěrduo —— bǎishe
（〝摆设〟は「飾り物」の意）
〝瘸子走路——路不平〟quézi zǒulù —— lù bù píng
（〝路不平〟は道がなだらかでない、困難な道のりだ）
〝瞎子点灯——白费蜡〟xiāzi diǎndēng —— bái fèi là
（〝白费蜡〟はロウソクが無駄だ）
〝哑巴吃黄连——有苦说不出〟yǎba chī huánglián —— yǒu kǔ shuōbuchū
（〝有苦说不出〟は苦くても口に出せない）

一方、職業に関するものがあり、こちらはそうわかりやすくはないだろう。〝力工〟lìgōng、〝发廊妹〟fàlángmèi、〝垃圾佬〟lājīlǎo、〝打工仔〟dǎgōngzǎi 等が挙げられる。さらに〝打工妹〟dǎgōngmèi や〝农民工〟nóngmíngōng などもそうだと言う。確かにこれらは学習者にとってはちょっと気がつきにくい。

年齢が関わるものもある。頭に〝老〟lǎo をつけた〝老不死的〟lǎo bù sǐ de、〝老废物〟lǎo fèiwù、〝老流氓〟lǎo liúmáng、〝老年痴呆症〟lǎonián chīdāizhèng などだ。

さらに性別による差別としては〝女博士〟nǚ bóshì や〝女强人〟nǚqiángrén がある。女性で博士号を取得した人を〝女博士〟というのだが、これが何故差別語になるのか。単に〝博士〟と言えばいいわけで、わざわざ「女」を冠すること自体十分に奇妙である。中国では、結婚する際、女性の学歴は男性より下に限られるという観念がある。だから、女性で博士という最高学歴取得者となると、相手の男性がいないという意味合いがある。〝女强人〟も同じで、「男勝りの女性」である。こちらも「もう結婚はできない」といった含みがあるのだそうだ。この二語は、褒め言葉的なニュアンスもあるだけに、われわれ学習者は使い方において要注意だろう。

漢字の透明性＝あからさまさ

中国の人は、われわれがドキッとするような「差別語」を使っても平気な顔をしている。また小説などで〝瞎子〟xiāzi や〝聋子〟lóngzi という語を見てもそう動じない。「〝瞎子〟だから〝瞎子〟と言っているだけで、事実でしょ。どこがいけないの」とあっけからんとしている人もいる。意識がないというのは、こういう状態のことを言うわけで責める気にもなれない。われわれも子どもの頃、「放送禁止用語」などの存在を知る前はそうであった。あるいは年齢なども大いに関係するのだろう。

ただ、ここで漢字の問題が出てくる。漢字は意味を直接的に表す。例えば「パラリンピック」という語があるが、これが身体障害者のオリンピックであることは知っているが、ほとんどの人はなぜそれを「パラリンピック」と言うのかは知らないのではないか。これは語源の問題なので、個々人に調べてもらうことにして贅言を避けるが、中国語ではご存じのように〝残疾人奥运会〟

cánjírén Àoyùnhuì と言う。日本語に訳せば「障害者オリンピック」である。〝残疾人奥运会〟というより「パラリンピック」と言ったほうが意味がぼやけている。少なくともどぎつさはない。オブラートに包まれたように、即物性が失せている。

逆に言えば、中国語のほうは透明性が高く、意味がストレートに伝わる。「パラリンピック」というカタカナ語は日本語の曖昧さや、ずばり言わずに婉曲にして察してもらおうとする傾向にもうまく合致する。

だから、そのものズバリ言わないほうが良いものは、日本ではどんどんカタカナ語に置き換わる傾向がある。葬儀場などといわず「なんとかメモリアル」という。終末医療も「ターミナルケア」などと言い換える。中国語でなら〝临终关怀〟línzhōng guānhuái である。「ホスピス」のほうは〝临终养老院〟línzhōng yǎnglǎoyuàn とか〝临终医院〟línzhōng yīyuàn という。〝临终〟とは終末よりも直截的である。

一方、漢字の透明性がプラスに働く場合もある。よく引く例で恐縮だが、冬期オリンピックの競技名に「モーグル」とか「エアリアル」というのがある。この二つなかなか区別がつかないが、中国語でならパッとわかりやすい。

モーグル　雪上技巧　xuěshàng jìqiǎo
エアリアル　空中技巧　kōngzhōng jìqiǎo

これなら、〝空中技巧〟のほうは空中で回転したりしてその妙技を競うのだとわかるし、〝雪上技巧〟のほうはもっぱら雪の上をスピードで滑り降りてくるのだと想像がつく。ほかにも「ボブスレー」や「リュージュ」がある。これも中国語訳は一目瞭然だ。

ボブスレー　有舵雪橇　yǒuduò xuěqiāo
リュージュ　無舵雪橇　wúduò xuěqiāo

一方は「舵つきの橇」だし、もう一つは「舵なしの橇」だ。そういう命名なのだからわかりやすいことこの上ない。

漢字が一字一字意味を表すという特性が、長所ともなり、また時に「あからさますぎる」という婉曲性を欠くことにもなる。
そこが漢字の宿命でもあり、面白さでもある。

犬の散歩

最近、我が家には犬がいる。ひょんなことから飼うようになったのだ。犬がいると朝晩散歩に行くようになる。少しは体に良いのかもしれない。

で、散歩に行くと、同じ時刻に、やはり犬の散歩をしている人がいるもので、外に出ると二、三人と出会うのが常だ。すれ違いざまに犬どうしが、興味をもって近づいたり、あるいはうなり声を上げていがみ合ったり、まあいろいろなことがある。

そこは飼い主がうまく手綱を引いて争いを避けたり、相性が良さそうなときは少し友好的な時間を取ってあげたりする。

そういうときには飼い主同士が話を交わすときもある。「おいくつですか」（もちろん犬の年齢だ）、「雄ですか、雌ですか」、「元気が良いですね」といった調子で、まあ内容もそんなところで、「それじゃあ、ありがとうございました」とあっさり離れる。

しかし、これが中国人だとこうはゆかないだろう。もっともっと突っ込んだ話になるのは間違いない。「どんな餌をあげていますか」からはじまって、「吠えませんか」とか「発情期は過ぎましたか」などという犬の話題はもちろんのこと、そのうちに相手にどんな仕事をしているんですか、家はどこですかとか聞き始める。

犬に興味を示すだけでは、相手に失礼なのである。人間にも興味がある。それを示さなくてはいけない。かくて三〇分ぐらいそこで立ち話をする。これが中国流である。

そう言えば、中国では、タクシーに乗るときもよく前の助手席に乗って、見知らぬ運転手とおしゃべりをする。そういうところにも通じるようだ。

中国の教育のありかた

田原（Tián Yuán）という作家がいる。十六歳でシンガーソングライターとしてデビューし、やがて小説を書くようになった。その小説は世界各国で翻訳されている。日本でも『水の彼方』（講談社、泉京鹿訳）がある。その若さと美貌で女優としても活躍している。〝80后〟のカリスマ的存在だ。

その彼女に日本の中国語入門の教科書作りに参加してもらった。朝日出版社から『君に捧ぐ永遠』というタイトルで出ている。本文は留学生である日本人男性と同じマンションに住む中国人女性とのロマンスである。これは田原自身の執筆になるものだ。

と言っても語学の入門教科書だから、ニーハオから始まっておだやかな会話が続くのだが、その中に、ヒロインの女の子が「よく学校をサボって、ここに来た」という台詞がある。ここは街を見下ろせる丘というぐらいの設定だ。これを聞いて、日本人の彼は彼女が学校をサボるような人なのだということに驚く。

実際、日本人にとって中学や高校の頃に（大学ではありふれているが）、授業をサボってどこかへ抜け出すというのは、かなり不良っぽい。もちろん中国人にとっても驚くべきことには違いないだろう。だから、それを聞いた日本人が

〝逃课啊！ 我还以为你是好学生。〟Táokè a! Wǒ hái yǐwéi nǐ shì hǎo xuésheng.

（授業をサボるだって！ 君はいい生徒だと思っていたのに）

という台詞を発するのだが、この下りは何となく気になって、別の折に私の周りの中国人に聞いてみたことがある。中国人はよく学校の授業をサボるのかと。

すると、「そういう人、結構いるよ」という返事だ。どうも中国では授業をサボってどこかへ遊びに行ってしまうというのはそんなにめずらしいことではないらしい。いかにも諸事万般にわたって「ゆるい」ところがある国らしい。

中国では優等生を大事にする。優等生が先生の覚えめでたければ、そうでない劣等生が出てく

るのも道理だ。劣等生にとっては学校がおもしろくない。できの悪い者同士、誘い合って授業をサボる。

先生にとってもそんな学生はいなければいないで授業がやりやすい。一度英語や数学の授業をサボると、その後の授業を聞いてもよくわからない。だから、中国人で数学がほとんどできなかったり、英語ができない若い人がいるのはそんなに不思議ではない。

一方、大学となると入試をして、できの悪い学生は寄せ付けないようにしているから授業がやりやすい。たまに大学院などでおかしな学生がいると、「変な奴をとってしまった」とちょっと後悔する。そういう学生には「君は社会に適応できるタイプだね」とかいって、早く大学から消えるようにすすめる。そのほうがお互いの幸せというものだ。

私はかつて国立の大学にいた。そこにも中国からの留学生が結構いたが、みんな中学や高校では一、二番の秀才ばかりだった。だから彼女たちはいわば先生のお気に入りの生徒だ。先生に褒められ、同級生たちの羨望のまなざしの中で育ってきたのだ。

大家都是在赞扬声中长大的。Dàjiā dōu shì zài zànyáng shēng zhōng zhǎngdà de.

（誰もが称賛の声を聞いて育ったのだ）

それが日本に来ると、あまり先生も周りも褒めてくれない。日本では先生が特定の生徒を褒めると、その生徒はいじめの対象になりかねない。先生もそのあたりは気をつける。

ところが中国から来た生徒は違う。中国ではあんなに称賛の声が自分の周りにあふれていたのに、日本に来てから少しも誉められない。

褒められた甘い記憶が忘れられない。そのうちイライラしてくる。切実に「褒められたい」と思うようになる。

そのあたりの事情を私はあるコラムで述べたことがある（「褒めて、褒めて」、現代書館『ふりむけば中国語』収録）。すると、知人の中国人の大学教授が私にメールを寄せて言った。

「先生のあのエッセイはとても印象的です。先生に褒められたいのは中国の学校教育によるものだと思います。

中国の学校は日本の塾のような教育をして、勉強のできる学生を大事にしすぎます。昨年日本のテレビでも報道していましたが、小学校の優等生とくに一番の生徒はいつも自慢げに話し、先生にもまわりの親たちからも大事にされ、他の生徒にも見上げられます。もし、日本だったらあの優等生は間違いなくいじめの対象になるに違いありません」

こうしてみると、いま言われている中国人の性格とか価値観とかのいろいろな特徴は、その大きな部分は、学校教育と家庭教育によって形成されたものだと言えそうである。中国の学校教育と家庭教育の影響は、これから世界一の大国になっていく中国であれば、ゆるがせにできないテーマであろう。

いつもの喫茶店

家の近所にお気に入りの喫茶店がある。中年の女性マスターが切り盛りしている店で、きりりとしたクールな感じの女性だ。その人の雰囲気を敏感に察知してか、お客も店内に入るとしんと静かになる。だから、いつも店内は静謐な空気が保たれている。それは気持ちのよい緊張で、よく客も入る。それも満員というのでなく、適度に客が入る、というのがよい。

一、二回ここで人と会うと、印象に残るのか、「このあいだの例の喫茶店で」というとわかってくれる。

いきおい声も大きくなって

だから、よく利用するのだが、私はその女性マスターに叱られたことがある。かつてよく編集者や中国人と仕事で使っていたのだが、中国人と一時期、辞書の仕事の関係で週に一、二回、頻繁に会っていたことがあった。

新語や流行語の意味を確認する仕事で、その語の用法やニュアンスなどを聞いた。新語だから、どうしても最近の社会的な話題になる。

ご存じのように中国人の声は大きい。女性だったから、大きくなくてもよく通る。まるでこの喫茶店にはわれわれしかいないが如き状態を呈する。そんなことが一カ月ぐらい続いたある日、その日のその時間に、たまたま私と中国人女性しか店内にいなかった。見計らうように、私たちの横にやって来て立ち止まったマスターが言った。

「大きな声での話を今後やめてください。ここはあなたがたの仕事場ではない。お客さんから苦情が出ている。それも複数の人から何とかならないか、とクレームが来てるんです」

突然のことで、こちらは恐縮して聞いている。弁解する隙も与えず、ついと彼女はカウンター内へもどっていった。もう来るな、というような宣告である。

そういえば、中国人は静かな日本の電車内、バスの中、地下鉄に吃驚する。中国人だけではない。外国人の日本語弁論大会を聞くと必ずこういう話題が出る。世界的に見ても日本の静かなレストラン、静かな車内、静かな喫茶店は驚きらしい。

働く老人

これはまた別の折に、中国人の友人とぶらりとこの喫茶店に入った。

ここには、もう一人、お手伝いのように一人のおばあさんもカウンター内にいる。どうも女性マスターのお母さんとおぼしき人だ。見たところ七十歳ぐらいだろう。かくしゃくとしたなりで、小柄ながら、きびきびと仕事をしている。

中国人から見ると、この光景は、「齢七十にもなって、まだ退職できずに働くなんて、なんてかわいそう」と映る。「娘も娘だ、自分の母親を働かせている」と思うのだ。


日本人の私は、親子でこんないい雰囲気の喫茶店で一緒に働けて、なんて素敵だろうと思っていた。いつまでもぼけることもなく、こざっぱりとした身なりをして、世の中のお役に立てる、それだけでいい。家でじっとテレビを見ているよりずっといい。

われわれ日本人は、生涯働けることをよしとする。

なかなか隠居したがらないところがある。私でも、もう隠居の身ですから、等と言いながら、請われれば授業をしたり、講演をしたりする。原稿も頼まれれば、あとで苦労すると知りながらも引き受ける。

団塊の世代の大量退職が始まった。おそらくみんないつまでも元気で、少しでもできる範囲で世の中とかかわってゆきたい、そう思っている。もちろん経済的な不安もあるだろうが、それだけではない。

こんなところも日中違うという話だ。

理はいずれにありや

わたしは「新相原塾」という名の講演会をもっているが、いつも一人中国人のアシスタントをお願いしている。中国語を発音してもらったり、中国社会のことをちょっと説明してもらったりするためだ。

テーマごとに人を換えるのだが、この間のこと、本当は人気のAさんが出るはずだったところ、体調不良のため出られなくなった。急遽代役を立て、事なきを得たのだが、もちろん事前に受講者には代役になることを伝え、それで承知してもらった。

これで何事もなく無事終了、というのが日本であるが、この話を聞いた中国人が言った。「文句は出ませんでしたか?」。日本人なら文句は言わない。「病気なら仕方がない。誰でも体調をくずすことはあるのだし」とやさしい。それにあらかじめお断りも入れている。

しかし、中国の常識だとこうはいかないというのだ。必ず文句がでる。理は客にある。自分たちに理があるときには必ず文句を言う。

自分に理がないときでも、探すのが中国人だ。どこからか理屈をさがしてきて、自分を主張する。それゆえ、こういうケースのように、明らかに自分たちが悪くなく、落ち度が相手にあるときには、必ず文句を言う、それが中国人のあり方だ。

〝理〟の有無を巡って、三つの諺を紹介しよう。表向きのものはこれだ。

有理走遍天下，无理寸步难行。Yǒu lǐ zǒubiàn tiānxià, wú lǐ cùnbù nán xíng.

（道理があればこの世の中どこへ行ってもこわくない、道理がなければ一歩も先にすすめない）

『中国語諺辞典』などにはこれが載っている。これに対して、裏の諺がある。

有理走遍天下，无理搅三分。Yǒu lǐ zǒubiàn tiānxià, wú lǐ jiǎo sān fēn.

（道理があればこの世の中どこへ行ってもやっていける、道理がなくてもなんとかごねよう）

无理搅三分，有理不让人。Wú lǐ jiǎo sān fēn, yǒu lǐ bú ràng rén.

（道理がなくてもちょっとはごねる、道理がこちらにあれば絶対人に譲らない）

〝不让人〟とは「人に譲歩しない」ということだが、この表現の背後にはまた違う諺があり、これを踏まえている。

有理让三分。Yǒu lǐ ràng sān fēn.

これは「たとえ自分に理があっても、相手のメンツも考え、譲ってやるべきだ」というものだ。こちらはまっとうな諺で、ちゃんと辞書に載っているほうだ。中国人はよく人と議論する。そのとき「道理」や「理」がいずれにあるかを議論であらそう。言い争いが白熱して、つい大声を出すと、

有理不在声高。Yǒu lœ bú zài shēng gāo.

（理があれば大声をあげる必要はないはず）

とたしなめられる。

ともあれ、中国人は理屈を見つけ出すのがうまい。道なきところに道をさがすというか、理屈が立たないところにも理屈をさがしてきて、それを主張するという。ぜひ見習いたいものである。

ただ、日本ではやらないほうがいい。

わかりきったことを

このあいだのこと、iPhoneを使っている中国人が、ある画像を見せてくれた。それは何ということのない、薬の飲み方を説明している図であった。プラスチックに入っている錠剤を、指で押し出して取り出す、その図が出ているだけのものだった。

彼女が言うには、日本では何故こんなことをわざわざイラスト入りで説明するのか。こんなことは誰でもわかることではないか。まあ、言われてみればその通りだ。

さらに付け加えた。インスタントラーメンを食べたときも同じような経験をした。フタを半分まであけて湯を注ぐのだが、それもわざわざ図入りで説明してあった。なんだか子ども扱いされているみたいで不愉快だった。

わたしが、ふんふんうなずきながら聞くものだから、彼女はますます調子づいてきた。

レストランで食事をするときもそうだ。いちいち、出された料理について一言説明を加える。まあそれでも「これは蝦夷鹿の胸腺肉のローストです」などというやや専門的なことはまだいい。こちらの天ぷらは塩をつけてとか、こちらはお醤油でどうぞとかいう。人を何だと思っているのか。幼稚園の児童じゃあるまいし、そんなことを説明されると腹が立つ、という。

客の日本人もおかしい。こんなことを言われて「はあ、はあ」とおとなしくかしこまって聞いている。あれ、みんなわかっていることなのに、知らぬふりをしているわけでしょ。へんですよ、絶対！

確かに、料理の説明など、日本はうやうやしくも仰々しいところがある。もったいぶっているというか、これ見よがしにご託をならべるわけだ。

しかし、それにもまして、こんなことをわざわざ取り上げて、iPhoneで写真をとってまで、これは日中異文化衝突の典型例として私に見せる、中国人がそこまでやることに驚かされた。これは「人が私をバカにしているのではないか」という点に、中国人は非常に敏感に反応するということではないか。

【追記】私のホームページのよき読者でもあり、エッセイの投稿者でもある岸弘子さんから、このエッセイを読んでの感想が届いた。以下に紹介する。

＊　＊　＊　＊　＊

久しぶりに、先生のエッセイを拝見しました。本当になるほどです。

今、区役所のフロアーマネージャーという仕事をしていますが、来庁者に書類を渡して、記入方法を説明して、受付まで案内するのが一連の流れです。

初めて日本に来た外国人の方や、お年寄りの方に対して、そういう世話役が必要なのは理解できます。

ただ、住民票を取りに来たような一般の方に対しても、「こちらが申請用紙です」「ご住所、お名前はこの欄に」「ご本人様でしたら、こちらにチェックを……」と手取り足取りの説明は必要ないと思うんですね。

役所にとって引っ越しの届け出や、戸籍謄本などの書類発行は「商売」ではないわけで、そこまでのサービスを提供する（そもそもそれをサービスと呼んでいいのか）必要があるのか疑問です。

ある来庁者が「こんなことして、どんどん日本人は人にやってもらうことに慣れて、自分で何もできないバカな国民になっていく」と嘆いていた言葉を思い出します。「氏名」と書かれていれば名前を、「住所」と書かれていれば住所を書けばいいわけで、自分が必要な書類を手に入れるために何をすればいいかくらい、自分で考えて、完璧な書類を書くようにすればいい。わからなければ自分でしかるべき人を探して尋ねればいい。それをすべて役所が提供するのは、正にサービスの押し売りでおかしいと思うわけです。

まあ、アメリカでペットの犬を洗って、レンジで乾かそうとして殺してしまい「犬を乾かさないでください」という表示がなかったからだと電子レンジメーカーを訴えたという話を聞けば、なんでも先を見越して予防線を張っておこうとする姿勢もわからないでもありませんが。

＊　＊　＊　＊　＊　＊

【追記その2】もう一つは、やはり同じような事例だが、中国からの留学生からはこんな報告が届けられた。

＊　＊　＊　＊　＊　＊

私も同じような経験をし、同じような感想をもったことがあります。一つは部屋を借りるときです。契約をする前でしたか、後でしたか「重要事項の説明」というのがあって、それは文字できちんと書かれているのですが、ご丁寧に一項目ごとに口で説明するのです。文字で書いてあるのですから、ここに目を通して確認して下さいでよいと思うのですが、どうも口で言って相手に納得して頷いて貰わないと日本では「重要事項の説明」を済ませたことにならないようです。

もう一回は、携帯の契約のときです。やはり同じように「契約事項の説明」がありました。これも十か条ぐらいあり、一つ一つチェックしながら、係の方が声に出して説明してくれました。

中国人から見ると、すべて文字になっているのだから、ここに目を通して下さいと言えば済むことを、なぜいちいち時間をかけて説明をするのか、不思議でたまりません。字が読めないとでも思っているのかしら。

だまして何が悪い——だますとは策を講ずることではないのか

月に一度だが、ハオ中国語アカデミーというところで「類義語研究班」という授業をしている。生徒は五、六名で、そこに私とネイティブの先生が加わる。類義語というのは意味や用法がよく似た語ということで、授業ではその微妙な違いを分析するわけだから、ネイティブの先生の語感が求められる。そこで、中国人の先生は二人参加してもらっている。南と北では語感が異なったり、微妙なところでは個人の意見が割れたりするからである。それにしても、二人から意見を聞けるとはなんとも贅沢である。

二時間の授業でたいてい三人ぐらいが発表する。自分が決めた類義語のペアについてレポートを書き、それを配って討論の材料とする。何を分析の対象とするかも自分で決め、あちこちの資料をあたり、ウエブで用例を調べたりして何とか小論文らしきものを作る。それをみんなで検討する。当然のことながら一回でレポート完成とはゆかない。問題点を指摘されたり、例文の「言える、「言えない」を正されたりする。それでも少しずつ進歩改善するわけで、大体のところ三回目ぐらいで作品完成となる。

授業は月一回だから、三カ月かけてレポートを仕上げるわけである。のんびりと言えばのんびりであるが、作品はおそらく日本で初めて、当該類義語ペアの違いについて分析したものであり、その価値は決して低くない。そこを評価し、作品は「中国語ドットコム」のサイトで公開している。

つい先日のこと、ある生徒のテーマは「〝上当〟shàngdàngと〝受骗〟shòupiàn」についてであった。これはなかなか難しい。どちらも「騙される」という意味で、たいてい相互に置き換えが可能である。

違いを簡単に言ってしまえば、〝上当〟は「何らかの策略や方策を考え、相手を陥れるしくみをつくる、その結果相手がだまされる、あるいは相手に打ち勝つ」ということのようだ。一方の〝受骗〟のほうは、もっと単純に「人の言うことを信用してしまって、騙される」場合だという。

興味深かったのは、〝上当〟も「だます」には違いないが、「相手に勝利するためにおこなう策略」という意味合いもあることで、これは孫子の兵法のような戦術という意味合いで考えられているわけだ。例えば諸葛孔明が敵をあざむく戦略を考え出したのが称賛に値するように。およそ三十六計もそうだが、中国でよしとされる策略は基本的には敵を欺き、敵をだまし、〝让他们上当〟ràng tāmen shàngdàngと言っても良いものばかりだ。ゆえに〝上当〟は時によっては「作戦が功を奏した」という語感があるのである。他方、やられたほうは「まんまとはめられたか」というわけだ。

勝つための策略は許される。たとえそれが「スポーツマンシップ」から外れていてもだ。このあいだ、確かバドミントンの試合でわざと負けて出場停止になった中国人選手がいたが、中国の伝統的な、ふつうの考え方からすれば、勝つための方策がなぜ責められるのか疑問なのである。

最近は、しかし、このような考え方に疑問を呈する知識人も出てきたという。中国的な独特のものの見方が、国際化によって少しずつ修正を加えられてゆく。中国の変化の大なるものは、こころあたりにあると思われる。

カラオケに行くと……

日本人がカラオケに行く。中国人もカラオケに行く。ところが行動は同じではない。日本人は、自分の歌う歌を一つ注文したら、次の人に機械を回す。とりあえず一人一曲を入れる。

中国人は違う。いきなり一人で五曲も一〇曲も入れてしまう。一人でずっとマイクを握りっぱなしということもある。それでもおかしいと思わない。

この違いは一体どこから来るのだろう。

どう考えても日本人の行動が理にかなっているように思える。そうではないか。カラオケにみんなで連れ添ってやって来たのである。人は平等だ。一人だけマイクを握りっぱなしでは皆に嫌われる。平等に歌う権利は誰にでもあるし、人が歌っているときにあからさまに会話をするのも失礼だ。人が歌い終わったら拍手をする。それがカラオケの最低の礼儀だろう。一回りしたら、まだ歌っていない人はいないか、気配りが欠かせない。

中国人はこんな日本人の行動を笑い飛ばす。そもそもどうしてみんなでカラオケに来るのか。大いに盛り上がって楽しむためだ。日本人のやり方で本当に楽しめるか疑問だと言う。

誰が歌おうがかまわない。歌える歌ならマイクなんかなくたって自分も一緒に歌う。歌えない歌でも適当にメロディをつけて声を出す。そうやって楽しめればそれでよい。一人一曲だの、順番だの、儀礼的な拍手だの、日本人のやり方では全然楽しめない。

素直な中国人はヘタな人にはへたくそと酷評する。〝唱得真难听！〟Chàngde zhēn nántīng! とか〝噪音！〟Zàoyīn!（雑音）というし、〝强奸我的耳朵！〟Qiángjiān wǒ de ěrduo!（俺の耳を強姦しやがって！）なんてすごい悪口もある。もちろん、気の置けない間柄でなければこうは言えまいが、そうやってみんなで盛り上がるのが目的だから、誰がマイクを持ってもそう意に介しないのだ。

カラオケの部屋も日本の倍ぐらいの広さがあるし、それからマイクも日本のように二本とかじゃなくて、数本ある。お金を払ったんだから、さあみんなで楽しむぞという意気込みにあふれている。なんだか中国式の方が正しいような気がしてきた。

第四章　わたしと漢文と中国古典

中国語か漢文か

この間、全国漢文教育学会というところで話をした。

漢文というぐらいだから、中国古典を訓読で読み下す、そういうやり方だ。私は中国の古典も中国語で読む。流儀が違う。中国語で、中国古典語として理解しようとするほうを「中国古典派」と呼んで「漢文派」と区別しよう。漢文派と私のような中国古典派はいわば意見が合わないもの同士ともいえる。

しかし、私は今は亡き東京教育大学の出身で、所属学科は「漢文学科」であった。ここには錚々たる漢文の大家がおられた。小林信明先生、鎌田正先生、鈴木修二先生などだ。

だから、私の先輩も後輩も多くは漢文派だ。私のように現代中国語を専門とするものは、少数派だ。

そんな私の処へ、全国漢文教育学会で何か話をしろという誘いである。普通ならお断りするのだが、先輩からの電話である。お断りしても、なかなか聞き入れてもらえない。そもそも話すことなどないのだが、それでも何かあるだろうと、まあ押し問答の末、「一語学徒の見た漢文」というような題で話すことになった。

会員の多くは高校の先生らしい。高校の先生に中国語の古典、つまり漢文訓読でなく、中国語読みの、横書きの、しかも簡体字による文言文の話をしても大丈夫か。まあしかし、私はそんな話しかできないのだからしかたあるまいと、腹をくくった。

そもそも、私は漢文からみれば「落ちこぼれ」だ。しかし、漢文をやっている人は、中国語に「落ちこぼれた」人だ、という説もある。

だから、お互い相手について一定の理解があるともいえるのだ。私だって、漢文を一応はやっている。彼らも中国語を一応はやっているのだ。

大学時代は、漢文訓読で授業を受けた。なにしろ「漢文学科」というぐらいだから、漢文を例の訓読調で読み下す。ところが、現代中国語の勉強ももちろんある。週に三回ぐらいある。こちらも専門的にやる。だから「漢文訓読」のすぐ後に中国語の授業がある、などというのが通常であった。

中国人の先生もいて、頭の中が中国語に慣れたと思う間もなく、また次の授業は漢文だ。中国語と訓読と、脳味噌が二つに引き裂かれる。あれは本当に体に悪い。

「また楽しからずや」と〝不亦乐乎〟

そんな頃、もう大学院の一年の頃だったたか、皮錫瑞の『経学歴史』を読んでいたときだったと思う。〝知道不行〟という文句に出会って、私は当然のことのように「ダメだとわかった」と読んだ。ところがそれでは話が通じない。前後を考えてみるに、ようやく「道の行われざるを知る」という意味とわかった。つまり私の頭はもう現代中国語向きになっていたのである。現代語としては zhīdao bù xíng と読む、そして漢文としては「道ノ行ワレザルヲ知ル」と訓読する。読み方を使い分けているのであるが、もはや現代中国語のほうが優勢になっている、そう感じたのである。

同じ頃、もう一つ私の方向を決定づける出来事があった。それは著名な言語学者の本を読んでいたときのことだった。論語の引用があった。それは「朋あり遠方より来たる、亦楽しからずや」という、よく知られた文で、それを原文で引いていた。ところが、それは有朋自远方来，亦不乐乎？

となっていて、私は口にしてみてとっさに違和感を抱いた。正しい原文は

有朋自远方来，不亦乐乎？

なのである。Yǒu péng zì yuǎnfāng lái, bú yì lè hū? と読めば、〝不〟と〝亦〟の位置が違っているのがすぐわかる。「ああ、あんなに著名な大家ですら、訓読で覚えていて、それで原文に復するときに誤るのか」と思い、同時にこのぐらいのものは原音で覚えている自分になんだか誇りと自信のようなものを覚えた。

（ここまで書いてきて、ふと、くだんの碩学が引用していたのが〝有朋自远方来，不亦乐乎？〟であったか、それとも〝学而时习之，不亦说乎？〟のほうであったか、自信がなくなった。いずれにしても〝不亦〜〟のところは同じことなので、このまま話を続けることにしよう。）

さらにこうも考えた。〝亦〟は現代語では〝也〟に当たる。〝不〟はそのまま〝不〟だ。とすれば、〝也不好〟は「やはり好くない」だが、〝不也好?〟となれば「好いではないか」という反語になる。ここらあたりの語気は現代語も古典語も同じだ。つまり、現代語を攻めて行けば、その向こうにある古典語も攻略できるのではないか。何故か私はそんなふうに思ってしまった。よし、まずは現代中国語をやろう、それが古典語へとつながるのだ。

それから私が手に取ったのは《文言読本》という本だった。著者は朱自清、葉聖陶、そして呂叔湘の三氏であった。前の二人は文学者としても有名だが、私は最後の呂叔湘氏に引かれた。語学をしている人は識らぬ人とてなき人である。中国でもっとも見識のある言語学者として当時もう著名であった。

規範文言の存在

《文言読本》という本は今でも手元にある。私のは上海教育出版社から一九八〇年に出されたもので、もともとは《開明文言読本》という三巻ものだったようだ。すでに出版から三〇年も経っていたものを、一冊に改編し、まとめたもので、当時、こういう本が少なく、また求められていたことが窺える。今、改めてその導言部分を読み返してみると、私の中国古典に関する基本的考え方はここから得ているのだと再認識させられた。

例えば「口語体と文言」の違いはどこにあるか。曰く：「耳で聞いてわかるのが口語体、眼で見なければわからないのが文言文」。かくも簡単明瞭な断言は他の本ではなかなかお目にかかれない。

またこうも言っている。「この世において、まったく話し言葉に基づかない書き言葉はあり得ない。すなわち文言文も人為的に構築したものではない。」文言文の基本には、人間の話し言葉があるという。例えば《論語》は孔子の言葉や行動を記録したものだという。当時の口語の正確にして如実なる記録とは思えないが、それらから全く逸脱した人工の言語でもないというのは納得できる。

そもそも、一口に文言といっても、さまざまな時代のさまざまな様式がある。時間から言えば、甲骨文字の時代から現在まで三千年の歴史がある。様式から言えば、散文があり、詩があり、詞や賦があり、また駢儷体と呼ばれる美文調もある。他方、書簡文や役所の公文書のたぐいといった通俗的なものもある。

このような長い歴史と多様なスタイルを持ちながら、中国における文言には一つの特徴がある。それは「正統文言」という概念の存在だ。簡単に言えば「お手本となる文言」、「規範となる文言」である。すなわち晩周、両漢の哲学者や歴史家の著作、および唐宋以来のこれらを模範とし、それをまねた文章を指す。具体的には前漢の司馬遷の《史記》などを思い浮かべればよい。

話し言葉は変化する。一人の一生の間ではそれほどでもないかもしれないが、何代かのうちには大きく変化する。そうであれば文言もそれに伴って変化してよいはずである。もちろん、ある程度の変化はした。しかし、中国においては「規範となる文言」が存在した。つまり「規範をまねようとする意識があれば、文言はあまり変化しない」のである。これが中国の古典語の特徴である。

わたしと漢文と中国古典（四）

現代に生きる文言

私は現代語が専門だ。それなのに中国の文言文も気になる。なぜだろうと考えるに、文言もなお現代に生きているからだ。

中国人が現代日本語を学ぶ。その人に対して私はアドバイスをする。「日本語だけではダメです。英語の基本も必要ですよ。日本では英語由来のカタカナ語が多いですから」。

同じように日本人が、正確には日本人に限らず外国人が現代中国語を学ぶとき、私はどこかでアドバイスをする。「現代語をやりながら、古典文言の基本も学んだほうがいいですよ」と。理由は明白だろう。現代語の中に、文言がよく顔を出し、しっかりと活躍しているからだ。

実際、会話でよく使われる四字成語などは、その構造はまさに文言と言ってよい。〝礼尚往来〟lǐ shàng wǎnglái とか〝因人而异〟yīn rén ér yì〝举棋不定〟jǔ qí bú dìng など、よく見、よく聞くところだ。また、〝欲穷千里目，更上一层楼〟Yù qióng qiān lǐ mù, gèng shàng yì céng lóu とか〝每逢佳节倍思亲〟Měi féng jiājié bèi sī qīn といった唐宋の有名な古典詩の一句がよく新聞などに出てくる。さらに論語や史記の句も頻繁に引用される。〝三人行必有我师焉〟Sān rén xíng bì yǒu wǒ shī yān や〝己所不欲勿施于人〟Jǐ suǒ bú yù wù shī yú rén はよく識られたものだし、普通の会話にも顔を出す。諺のたぐいも文言スタイルが多い。〝民以食为天〟Mín yǐ shí wéi tiān やら〝情人眼里出西施〟Qíngrén yǎnlǐ chū Xīshī など、中国人とのおしゃべりできっと耳にしているだろう。

こういう現象は他の民族の言語ではあまり見られない。日本語でも、普段それほど古典の一節が顔を出すことはないだろう。

一つには、中国人には「古を尊ぶ」という〝尚古〟shàng gǔ の伝統があるためだろう。すでに述べた「正統文言」が成立したゆえんである。もう一つ理由がある。それは漢字の存在だ。

皆さんはご存じだろうか。中国で最も権威ある現代語の辞書《现代汉语词典》、この辞書は現在第6版が最新だが、新版が出る度に、私たち語学者はどこがどうこれまでと変化したかを調べる。もちろん新語が増えたり、古い語彙が消えたり、新しい意味が付け加えられたりと、変化はいろいろだが、実はもっとも大きい変化は「発音の変化」で、その変更点はおそらく数百（！）

はある。日本語や英語の辞書を考えてほしい。果たしてそんなに多くの発音上の変化や変更が数年の改訂の度に起こるだろうか。

もし、音標文字で、つまりアルファベットやひらがななどで表記する言語であれば、発音の変化は容易に文字に影響を与えるだろう。

ところが漢字は、音声がどのように変わろうとも、漢字表記自体はそのまま、厳として不変なのである。

古典詩も現代音で読む

漢字をわかりやすく説明しようとして、私はよく1、2、3、4というアラビア数字を例に使うことがある。早い話、「1、2、3、4」をどう発音するか。日本人なら「いち、に、さん、し」だ。英語国民なら「one、two、three、four」だ。そして中国人なら「yī、èr、sān、sì」となる。どんなふうに読まれ、発音されようと、「1、2、3、4」という形は変わらない。

つまり、アラビア数字は漢字に似ている。漢字も、音声がどのように変わろうとも、漢字表記自体はそのまま、変わらない。例えばこれまでxiǎojieと発音されていた〝小姐〟は、このごろxiǎojiěと後ろを原声調で読む人が増えてきた。辞書でもxiǎojiěを正式な発音に認定した。だが漢字は〝小姐〟のままである。

これは声調がちょっと違うだけだから、ではない。音の変化がもっと大きく、例えば今から千年前の中古音と現代音ほどの差があっても、漢字のほうは形を変えないのである。

そもそも音韻学者でもなければ昔の漢字音など知るよしもない。したがって、中国古典文であろうと現代音で読んでいる。それで基本的に困ることはない。困るとすれば、詩歌のような韻文だ。

詩には押韻ということがある。また平仄といって平上去入の声調の排列に係わる規則もある。これらは現在どうなっているのか。

私が学生の頃に習った先生は、李白は Lǐ Bó と発音していた。Lǐ Bái ではなかった。〝江碧鸟逾白〟（江碧にして鳥いよいよ白く）は jiāng bì niǎo yù bó である。

杜牧《山行》では〝远上寒山石径斜〟（遠く寒山に上れば石径斜めなり）とあるところの〝斜〟は xié ではなく、古音の xiá と読んでいた。押韻のためである。

また《送元二使安西》における〝使〟はここでは動詞だから shì と第4声に読んだものだ。このような読み方は現在なくなりつつある。現代語の普通の読音で読むのが大勢となっている。また、現在の中国人にとってはどの字が入声かを知るすべはないゆえ、平仄も無視するしかない。

ただ、いくつかの点では古い読み方が生きているようだ。例えば王維の《鹿柴》は、これは地名であり、さすがに Lùzhài と読み、Lùchái にはしない。またその詩の中の〝返景入深林〟（返景深林に入る）というくだりがあるが、ここの〝景〟は〝影〟であり、とすれば fǎnyǐng と読むか fǎnjǐng か迷うところだ。実際本によってどちらもあるようだ。

賀知章の《回乡偶书（其二）》には〝乡音无改鬓毛衰〟（郷音改まる無く鬢毛衰う）という一句がある。最後の〝衰〟をどう読むか。古音は cuī であり、押韻させるためにはそう読むべきなのだろうが、これも本によって現代音の shuāi とするところと cuī とするところと二様みられる。

中国では義務教育において暗唱すべき古典詩を国家が推奨している。小学生用では七十五首ほど推薦されているが、上で言及した詩はすべて暗唱すべきとされているものだ。小学生が暗唱するのであれば、古音で読ませるのはやや無理がある。私は小学生向けのこの種の本を細かく調査したわけではないが、趨勢としては現代音で読ませるというのが大きな方向と言えそうだ。

日中必須古典詩の違い

中国の小中学校で是非とも覚えるべき古典詩詞を推薦した文献がある。《义务教育语文课程标准（二〇一一年版）*》というもので、小学生向けには七十五首推薦してある。これを受けて、本屋さんなどには《小学生必背古诗词》といった名前の本が幾種類も並んでいる。父母が購入して子どもに与えるのであろう。

どんな詩歌が推薦されているかは気になるところだろうが、その中には日本人にもなじみ深いものが多い。杜甫や李白、王維、白居易をはじめとして、杜牧、孟浩然の有名な詩が並んでいる。

ただ、中国の小学生でも知っている古典詩と日本の高校の教科書に出てくるそれとは少しズレがある。例えば次に挙げる〝咏鹅〟などは日本の教科書ではまずお目にかからないが、中国では「子どもから大人まで誰もが口ずさむ」唐詩である。

咏鹅［唐］骆宾王

鹅，鹅，鹅　É, é, é
曲项向天歌。qū xiàng xiàng tiān gē,
白毛浮绿水，báimáo fú lǜshuǐ,
红掌拨清波。hóngzhǎng bō qīngbō.

〝鹅，鹅，鹅〞ではじまる、破格のこの詩は駱賓王七歳のときの作と言われるが、水辺で遊ぶ鵞鳥の姿が、目に映るままに色彩豊かに描かれている。

次はまるでなぞなぞのようだ。唐の〝李峤〞の詩で、

解落三秋叶，Jiě luò sānqiū yè,　（それは秋の木の葉を吹き落とす、
能开二月花。néng kāi èryuè huā.　それは春の花を芽吹かせる。
过江千尺浪，Guò jiāng qiānchǐ làng,　江をすぎれば高波を立て、
入竹万竿斜。rù zhú wàn gān xié.　竹林に入りては竹を傾かす。）

答えは〝风〞fēngで、これがこの詩の題だ。こんな詩を使って古典に親しみをもたせようとしていることがわかる。小学一年生向けの教材にするのだから、崇高な精神性よりも、わかりや

すさ楽しさを重んじているのだろう。
もう一つ、日本ではあまり知られていないが、農民の苦しみを歌った〝李绅〟の詩《悯农》も中国ではよく取り上げられている。

锄禾日当午， Chú hé rì dāng wǔ, （農地を耕す、日は真上に、
汗滴禾下土。 Hàndī hé xià tǔ. 汗が下の土地にしたたり落ちる。
谁知盘中餐， Shéi zhī pán zhōng cān, 誰が知ろう器にもられたご飯の、
粒粒皆辛苦！ lìlì jiē xīnkǔ! 一粒一粒がすべて農民の苦労の結晶だと。）

こうしてみると、小学生で学ぶという年齢差、また農民の苦しみに理解を示すという社会事情など、日本とは違った要請により、詩の選択もおのずと違っている。他方、日本では日本文学、例えば枕草子第二八〇段の「香炉峰の雪」との関わりから白居易の「遺愛寺の鐘は枕を欹てて聴き、香炉峰の雪は簾を撥げて看る」を含む詩が選に入るなど、それぞれの事情があるようだ。

＊【注】本書巻末に付録として採録。

詩の朗詠ということ

日本には詩吟というものがあり、詩を独特の節回しをつけて吟ずる。私は福島県会津の出身で、母校の会津高校では剣舞会というのがあり運動会のときなどには、白虎隊の詩を朗詠しかつ剣舞をするのが恒例であった。大体、日本の詩吟には独特の雰囲気があり、悲壮、哀哭、詠嘆といった、やや時代がかった気分が横溢する。白虎隊はそれが似合うから良いのだが、前回例に挙げたような〝咏鹅〟や〝风〟の詩を日本の詩吟の調子でやられると、「ちょっと違うなあ」と言わざるを得ない。中国の古典詩には、素直なのや、楽しいのや、大らかなもの、素朴なものなど、いろいろな趣のものがある。一本調子の日本の詩吟では覆い尽くせない。

それでは中国語における詩の朗詠というのは如何なるものか。日本にあるぐらいだから、中国にもあるのではと思うのだろう。よくそういう質問を受ける。

私は学生の頃、陳東海先生の唐詩朗詠をよく聞いた。その独特な旋律は今も耳に残っている。

当時は日中国交未だならずの時代で、中国の知識人がそう数多く在日していたわけではなく、漢詩の朗詠をされる人など先生以外にはほとんどなかったと思う。私の世代の中国語専攻者など、唐詩朗詠といえば陳先生のそれを想起するのではないだろうか。では先生のそれが正統派の漢詩朗詠かと聞かれればこれも安易に断言する自信はない。

陳東海先生没後に、教え子のひとり金丸健二氏が『陳東海老師朗読・吟詠中国古典詩選集』（非売品）を編まれており、私たちはこれによって先生の朗詠の実際を鑑賞することができる。先生自身による序文にあたる「朗誦にあたって」によれば、「各人各様、只大家と言われる学者が自ら一家を成して引っ張っているだけで、結局の所、何が正しいのか実際の検証は甚だ難しい」（金丸氏による訳）と述べている。陳先生も自分の師が酔ったときなど詩を吟ずるのを聞いてそれを暗記して身につけたものと言う。

高校の国語教科書を出版する会社では、この頃は漢詩に日本語朗読をつけるほか、中国語による朗読もつけ、さらには節回しをつけた朗詠まで提供する。私はその一つ教育出版というところから依頼され、漢詩朗詠の監修をすることがあった。実際に朗詠してくださる人としては知り合いの程波さんを推薦した。程波さんはテノールの歌手であり、また京劇などの役者でもある。彼は彼でまた独特の朗詠を披露してくれた。それは陳東海先生のそれとは旋律節回しが異なるものであった。さらに、出版社からは他の中国人朗詠者による以前のＣＤも聞かせて頂いたが、それもまた彼独自の朗詠法であった。

こうしてみると、中国語では特定の流派があるというよりは、どうやら個々人がその詩から受ける気分で自由に朗詠しているというのが実情ではないかと想像されるのである。

語彙について

発音は現代語で読むとして、次は語彙の話になる。これはさすがに違いが大きい。「食べる」は現代語なら〝吃〟chīだが、文言では〝食〟shíだ。「飲む」は〝喝〟hēかと思えば、これが古典語では〝饮〟yǐnだ。何のことはない、日本語と近いではないか。

吃 chī ―食 shí　　喝 hē ―饮 yǐn　　说 shuō ―言 yán
去 qù ―往 wǎng　　跑 pǎo ―走 zǒu　　拉 lā ―引 yǐn

それぞれのペアにおいて、先にあるのが現代語、後が古典語である。われわれが漢文を、語順こそ変え、語彙をそのまま読み下すことができる、その理由の一つがここにある。古典文言の基本語彙がわれわれにはむしろ親しいわけだ。

この語彙の二重性は、現代語の中にも生きている。確かに「食べる」は〝吃〟であるが、〝食〟という漢字も生きている。〝食品〟shípǐn といい、〝食物〟shíwù といい、〝粮食〟liángshi と言う。「飲む」の〝饮〟も〝饮料〟yǐnliào や〝冷饮〟lěngyǐn と使われている。ここからも察しがつくように、ほとんどが二字の熟語であり、書面語的な、やや硬い語を形成している。単独では使われず、形態素に過ぎない。

単独で使われているように思えるのは四字成語の中に出てくる場合である。例えば〝耳闻目睹〟ěr wén mù dǔ という成語がある。「耳で聞き、目で見る→じかに見聞きする」という意味だ。ここで使われている四字を眺めてみよう。「みみ」は現代語では〝耳朵〟ěrduo だ。二音節化している。「め」は〝眼睛〟yǎnjing だ。これも二音節だ。「聞く」は現代語ではもはや〝听〟tīng だ。〝闻〟wén と言えば「においを嗅ぐ」という意味に変わってしまっている。最後の〝睹〟dǔ はどうか。「目でみる」なら今では〝看〟kàn が普通だ。〝睹〟は〝睹物思人〟dǔ wù sī rén（物を見てその人を思う）のような四字熟語の中でしか使われない。このように、それぞれ特定の熟語や成語中にしか出てこないが、それでも使われる場はあり、その範囲で独自の意味合いをなお有していることも間違いない。

もう一つ、すでに述べてきたことではあるが、文言文では単音節語が多いが、それらが現代では多音節化している、特に二音節化しているという現象がある。二音節化にあたっては種々の方策があるが、接尾辞の〝子〟ziをつけるのはその一つである。〝鼻子〟bízi、〝孙子〟sūnzi、〝橘子〟júziなど。また〝头〟touを添えるのもある。〝石头〟shítou、〝舌头〟shétou、〝外头〟wàitouなどである。他にも〝老鼠〟lǎoshǔや〝老虎〟lǎohǔの〝老〟は実際的意味を持たず、二音節化のためと思われるし、すでに挙げた〝耳朵〟をはじめとして〝月亮〟yuèliang、〝国家〟guójiāなども二音節化している例である。

おもしろいことに、現代語では二音節語が優勢だが、それらが文言文ではどう言い表されるか、それを考えてみると、やはりというべきか、意外というべきかわれわれ日本人におなじみの漢字が出現することが少なくない。

例えば〝太阳〟tàiyángは「日」である。〝便宜〟piányiは「廉」である。〝种地〟zhòngdìは「耕」である。〝有钱〟yǒuqiánは「富」である。〝打水〟dǎshuǐは「汲」である。

繰り返しになるが日本人にはある意味、古典語のほうが、親しみが持てる。漢文訓読法が成立するゆえんであろう。

通知やメモ書きの文言風文体

この間のこと、日中対照研究入門と称して、日本の漫画を使って、その中国語訳と対照するような作業をした。その漫画というのが『ちび丸子ちゃん』で、比べてみたのは「家庭訪問の巻」であった。漫画の最初に「家庭訪問のお知らせ」が出ていた。日本語では何の変哲もない、次のような文章である。

お宅へは（9）日の午後（2）時（15）分ごろお伺いさせて頂く予定です。
ご都合の悪い場合は（5／6）までにお知らせください。

この中国語訳が、なんと、ちょっとした文言文なのである。

预定于9日下午2时15分、　Yùdìngyú jiǔ rì xiàwǔ èrshí shíwǔ fēn,

去贵府拜访，qù guìfǔ bàifǎng,

若有不便，请及早告知。ruò yǒu búbiàn, qǐng jízǎo gàozhī.

日付も〝9号〟jiǔ hào でなくて、〝9日〟とある。時間も〝两点〟liǎng diǎn ではなく〝2时〟とある。その後も〝去贵府拜访〟からはじまって〝若有不便〟、〝请及早告知〟と文言体が続いている。このように機関が発する公文書的なものは、威厳を高め、権威づけのためにも、硬い文体になりがちである。停電の知らせとか、断水などもうやうやしい文言体になるという。

これに限らず、中国ではちょっと外出してくるとか、体調不良で欠席とか、そういうメモや書き置きのたぐいをしたためるときにも、文言調にすることが少なくないようだ。

先生在上：

学生今有事欲外出、故做此书、望师准之！

不胜感激！

学生某某

Xiānsheng zàishàng:

Xuésheng jìn yǒu shì yù wài chū, gù zuò cǐ shū, wàng shī zhǔn zhī!
Bú shèng gǎnjì!
xuésheng mǒumǒu

要するに「用事があるので授業をサボります」という話なのだが、文言文でしたためられると、教師も許してしまうようなところがある。

またインターネットで右のような、お店に掛けてある「掲示」を見つけた。これもわざと文言調で作ってあるため、それがいかめしく、かつまたユーモラスな効果を上げていて、憎めない。

本店为特困单位随身物品敬请自妥保管
如有遗失本店仅表同情而已！
钦此
Běndiàn wéi tèkùn dānwèi suíshēn wùpǐn jìngqǐng zìtuǒ bǎoguǎn
Rú yǒu yíshī běndiàn jǐnbiǎo tóngqíng éryǐ!
Qīncǐ

（本店は特別困窮単位であり、身の回りのモノはご自身で管理保管願います。万が一紛失されましても本店はご同情申し上げるのみでございます）

末尾には〝钦此〟とある。これは「皇帝が自らこの地に足を運び、この文書を頒布された」ということで、この仰々しさも笑える。

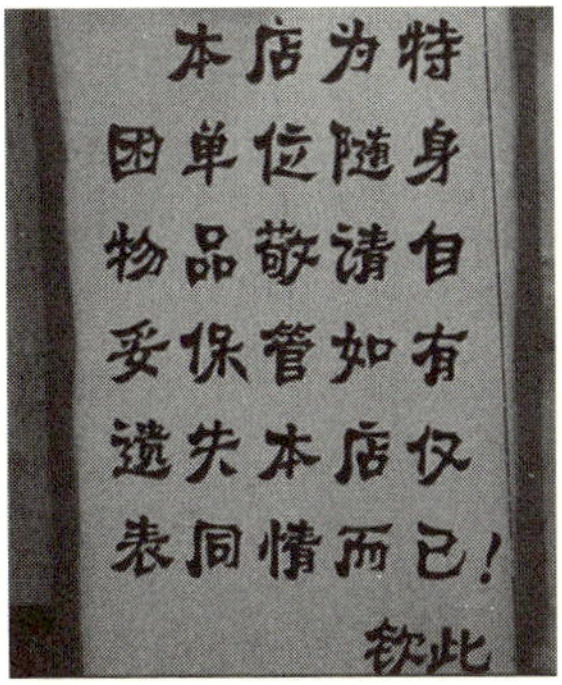

文言文ジョーク

中国では漢文は死んでいない。日常生活でも文言文を使うと面白い効果が出る。文言の仰々しさがある種の滑稽さを生むのだろう。驚いたのはジョークにまで文言文が進出していることだ。次は漢文によるジョークである。扱っているのは極めて現代的な「ソマリア沖の海賊」だ。老婆心ながら、まず内容を紹介しておこう。

中国船が海賊に襲われた。ソマリアの海賊が言う：「三〇〇万米ドル、びた一文負けられぬ！」中国の役人は言った。「二五〇万！」海賊：「バカにしているのか。お前らのいう〝二百五〟èrbǎiwǔ は罵り言葉だろうが。」役人：「わかった三〇〇万だな。ところで領収書には七〇〇万と書いてくれぬか」海賊：「銭を取ることにかけてはお前らにかなわんよ」

これが文言文では次のように簡潔になる。

天朝船只遭劫。
索马里海盗：三百万美元，勿复再议！
天朝官吏：贰百五十万！
　海盗：汝以我为愚耶？　二百五固汝邦詈言也。
天朝官吏：悉听君言，三百万！　然发票之上，请书以七百万。
　海盗：为盗者不如汝等远矣！！

Tiānchāo chuánzhī zāo jié
Suǒmǎlǐ hǎidào : Sānbǎi wàn měiyuán, wù fù zài yì !
Tiānchāo guānli : Èrbǎiwǔshí wàn !
Hǎidào: Rǔ yǐ wǒ wéi yú yé ? Èrbǎiwǔ gù rǔ bāng lìyán yě,
Tiānchāo guānli: Xī tīng jūn yán, sānbǎi wàn! Rán fāpiào zhī shàng, qǐng shū yǐ qībǎi wàn.
Hǎidào: Wéi dào zhě bùrú rǔ děng yuǎn yǐ!!

特に解説は不要だろう。古典文法に則って書かれているのだが、ところどころ古典語にはない語彙、例えば〝索马里海盗〟（ソマリアの海賊）や〝美元〟（アメリカドル）、〝发票〟（領収書）といったところが現代語と同じなのが楽しい。このような文言文ジョークはこの他にもあり、こういう現象は中国語以外の言語ではなかなかお目にかかれないのではないか。文字通り「今に生きる文言」である。

もう一つ、今度は以前紹介したことのある唐詩《悯农》の詩のパロディである。

锄禾日当午，　Chú hé rì dāng wǔ,　（農地を耕す、日は真上に、
汗滴禾下土。　Hàndī hé xià tǔ.　汗が下の土地にしたたり落ちる。
谁知盘中餐，　Shéi zhī pán zhōng cān,　誰が知ろう器にもられた食事、
有毒！　Yǒu dú！　これが毒入りとは！）

中国人の食についての心配を、人口に膾炙している古典詩を利用して笑いにしているのだが、このブラックユーモア、最後の〝有毒〟yǒu dú、きちんと押韻している。

古典の教養を問うクイズ

古典がジョークに活用されているばかりではない。よく知られているように、一時、四字熟語がコマーシャルに利用されたことは記憶に新しい。

〝前途无量〟qián tú wú liàng（前途洋々）は〝前＝钱〟という語呂合わせから〝钱途无量〟（お金の道は前途洋々）となり、証券会社の採用するところとなった。また〝随心所欲〟suí xīn suǒ yù は本来「心の欲するままに振る舞う」の意だが、〝欲〟を〝浴〟と変えて〝随心所浴〟suí xīn suǒ yù（好きなときに入浴する）として「給湯器」のCMに一役買わされた。

〝百依百顺〟bǎi yī bǎi shùn（なんでも相手の言うことを聞く）は、〝依〟を〝衣〟に変え〝百衣百顺〟とし、「どんな服でも思いのままに従う」の意味になり、これは電気アイロンのコマーシャルになった。

古典詩も狙われた。例えば次は有名な王之涣 Wáng Zhīhuàn の《登鹳鹊楼》dēng Guànquèlóu

の詩であるが、最後の句の前に〝无须〞wúxū の二字を入れ込んだ。すると意味もこう変わる。

欲穷千里目，无须更上一层楼。
Yù qióng qiānlǐ mù, wúxū gèng shàng yì céng lóu.
（千里の眼を極めんとして、更に一階上に上る必要はない）

これが何のコマーシャルかおわかりだろうか。そう、望遠鏡である。なかなかに巧い。かく古典詩が担ぎ出されるということは、それだけ皆に知られている証拠でもある。古典の教養はかなりの程度人々の常識となっているのである。古典知識を問うクイズなども盛んに行われているようだ。例えば、次はおわかりか。

中国人最早的姓氏是什么？ Zhōngguórén zuì zǎo de xìngshì shì shénme ?
（中国人の一番最初の姓は何か？）

これは《三字经》の知識に基づく。《三字经》の冒頭は〝人之初，性本善〞Rén zhī chū, xìng běn shàn（人の初め、その性は本来善）とあることを知らなければならない。〝性〞xìng ＝〝姓〞

xìng の語呂合わせを利用して、〝人之初，姓本善〟（人の初め、その姓はもと〝善〟）と読み、ここから「姓は〝善〟」が答えとなるしくみだ。早い話、《三字经》の最初の数行ぐらいは知っておかなければ、ということだ。

人之初，性本善。性相近，习相远。
苟不教，性乃迁。教之道，贵以专。
昔孟母，择邻处，子不学，断机杼。

Rén zhī chū, xìng běn shàn. Xìng xiāng jìn, xí xiāng yuǎn.
Gǒu bù jiāo, xìng nǎi qiān. Jiào zhī dào, guì yǐ zhuān.
Xī Mèng mǔ, zé lín chù, zǐ bù xué, duàn jīzhù.

さらに次のように有名な漢詩の知識を問うクイズなどもよく行われている。これは〝巧填鸟名〟qiǎo tián niǎo míng（空欄に鳥の名前を入れなさい）という問題である。中国の小学生レベルである。

（1）［　］东南飞，五里一徘徊。

（2）晴川历历汉阳树，芳草萋萋［　　］洲。
（3）故人西辞［　　］楼，烟花三月下扬州。
（4）旧时王谢堂前［　］，飞入寻常百姓家。
（5）两个［　　］鸣翠柳，一行［　　］上青天。
（6）千里［　］啼绿映红，水村山郭酒旗风。

（1）___ dōngnán fēi, wǔ lǐ yì páihuái.
（2）Qíngchuān lìlì hànyáng shù, fāng cǎo qīqī ______ zhōu.
（3）Gùrén xī cí ___ lóu, yānhuā sānyuè xià Yángzhōu.
（4）Jiùshí Wáng Xiè táng qián ______, fēi rù xúncháng bǎixìng jiā.
（5）Liǎng gè ______ míng cuì liǔ, yì háng ___ shàng qīngtiān.
（6）Qiān lǐ ___ tí lǜ yìng hóng, shuǐ cūn shān guō jiǔ qí fēng.

答え：（1）孔雀 kǒngquè（2）鹦鹉 yīngwǔ（3）黄鹤 huánghè（4）燕 yàn
（5）黄鹂 huánglí　白鹭 báilù（6）莺 yīng

わたしと漢文と中国古典（一二）

まるで科挙

中国の〝高考〟gāokǎo、すなわち大学入試は現代の科挙である。一般庶民が中国で出世するための数少ない機会の一つだ。その大学入試の科目に作文がある。作文にはテーマがあり、省によってさまざまだが、特筆すべきは、これを文言文で書いてもよいという点だ。そして、めったにないことだが、文言文作文でごくまれに満点が出る。すると、大変な騒ぎになる。二、三年に一人、満点が現れるかどうか、というぐらいの頻度らしいが、ともかく満点が出ると、新聞社が本人やその教師を取材したりして、一躍時の人になる。田舎町などから出ようものなら事件である。まさに科挙における最高点合格者状元の誕生を思わせる。まあしかし、作文で高得点を取っても、数学や英語などで点が取れなければ合格しないのだが、ともかく、作文とくに文言文で満点となると扱いが違う。文字の国、中国の面目躍如たるところがある。

話変わって、中国のバレンタインデーでは男性から女性にバラの花束などが贈られるが、それに合わせて男性から女性へのラブレターも話題になる。数年前には小学生が書いた「文言ラブレター」がその年の話題を席巻したことがあった。私は小学生すら文言を駆使できることに正直驚いた。

日本では高校生になって、はじめて「漢文」に接する。そのときは、訓読方式によって学ぶわけだから、中国の古典語としてではなく、日本語として受け入れる。「己の欲せざるところは人に施すなかれ」とか「学びて時に之を習う、また楽しからずや」などだ。何と言ってもその読み方の独自性によって、訓読法は、高校生の若い頭脳と心に強い影響を与える。中国古典の神髄を、かくも一気に体得させてしまう「訓読法」について私は高く評価したい。私のように、現代中国語から入門し、長い長い月日をかけて古典にアプローチしようとしても、生半可なことでは、結局のところ日本では訓読法にかなわず、中国では小学生にかなわない。

しかし、日本の訓読法はただ読むだけである。その読み方も人が読んだのをなぞるのである。答えはすでに用意されている。読み方すなわち訓点などがない原文、これを白文というが、白文を読むことはしない。だから、語学としての古典ではなく、あくまで古典鑑賞なのだ。当然のことながら、文言による作文もない。

私は、どんなに時間がかかろうとも、やはり現代語から攻めてゆき、中国語としての語感を身につけながら、少しずつでも古典文言文に慣れて行く道を歩みたい。これが時間はかかるが最も正統なコースだろう。日本でも大学の中文専攻学科ではそういう科目が用意されるべきだ。古典を現代語によって解釈するような、すべてが中国語による授業である。私はそういう授業を受けられなかったが、今なら可能だろう。

附录　关于优秀诗文背诵推荐篇目的建议

《全日制义务教育语文课程标准》要求学生背诵古今优秀诗文，包括中国古代、现当代和外国优秀诗文，具体篇目可由教科书编者和任课教师推荐，这里仅推荐古诗文一三五篇（段）。其中一～六年级七五篇，七～九年级六一篇。一～六年年级的背诵篇目都是诗歌；七～九年级的篇目，除诗歌外，也选入了一些短篇散文。这些诗文主要供学生读读背背，增加积累，在教科书中可作不同的安排，不必都编成课文。

1～6年级（75篇）		
1	江南（江南可采莲）	汉乐府
2	长歌行（青青园中葵）	汉乐府
3	敕勒歌（敕勒川）	北朝民歌
4	咏鹅（鹅鹅鹅）	骆宾王
5	风（解落三秋叶）	李峤
6	咏柳（碧玉妆成一树高）	贺知章

7	回乡偶书（少小离家老大回）	贺知章
8	凉州词（黄河远上白云间）	王之涣
9	登鹳雀楼（白日依山尽）	王之涣
10	春晓（春眠不觉晓）	孟浩然
11	凉州词（葡萄美酒夜光杯）	王翰
12	出塞（秦时明月汉时关）	王昌龄
13	芙蓉楼送辛渐（寒雨连江夜入吴）	王昌龄
14	鹿柴（空山不见人）	王维
15	送元二使安西（渭城朝雨浥轻尘）	王维
16	九月九日忆山东兄弟（独在异乡为异客）	王维
17	静夜思（床前明月光）	李白
18	古朗月行（小时不识月）	李白
19	望庐山瀑布（日照香炉生紫烟）	李白
20	赠汪伦（李白乘舟将欲行）	李白
21	黄鹤楼送孟浩然之广陵（故人西辞黄鹤楼）	李白
22	早发白帝城（朝辞白帝彩云间）	李白
23	望天门山（天门中断楚江开）	李白
24	别董大（千里黄云白日曛）	高适
25	绝句（两个黄鹂鸣翠柳）	杜甫
26	春夜喜雨（好雨知时节）	杜甫
27	绝句（迟日江山丽）	杜甫

28	江畔独步寻花（黄师塔前江水东）	杜甫
29	枫桥夜泊（月落乌啼霜满天）	张继
30	滁州西涧（独怜幽草涧边生）	韦应物
31	游子吟（慈母手中线）	孟郊
32	早春呈水部张十八员外（天街小雨润如酥）	韩愈
33	渔歌子（西塞山前白鹭飞）	张志和
34	塞下曲（月黑雁飞高）	卢纶
35	望洞庭（湖光秋月两相和）	刘禹锡
36	浪淘沙（九曲黄河万里沙）	刘禹锡
37	赋得古原草送别（离离原上草）	白居易
38	池上（小娃撑小艇）	白居易
39	忆江南（江南好）	白居易
40	小儿垂钓（蓬头稚子学垂纶）	胡令能
41	悯农（锄禾日当午）	李绅
42	悯农（春种一粒粟）	李绅
43	江雪（千山鸟飞绝）	柳宗元
44	寻隐者不遇（松下问童子）	贾岛
45	山行（远上寒山石径斜）	杜牧
46	清明（清明时节雨纷纷）	杜牧
47	江南春（千里莺啼绿映红）	杜牧
48	蜂（不论平地与山尖）	罗隐

49	江上渔者（江上往来人）	范仲淹
50	元日（爆竹声中一岁除）	王安石
51	泊船瓜洲（京口瓜洲一水间）	王安石
52	书湖阴先生壁（茅檐长扫净无苔）	王安石
53	六月二十七日望湖楼醉书（黑云翻墨未遮山）	苏轼
54	饮湖上初晴后雨（水光潋滟晴方好）	苏轼
55	惠崇春江晓景（竹外桃花三两枝）	苏轼
56	题西林壁（横看成岭侧成峰）	苏轼
57	夏日绝句（生当作人杰）	李清照
58	三衢道中（梅子黄时日日晴）	曾几
59	示儿（死去元知万事空）	陆游
60	秋夜将晓出篱门迎凉有感（三万里河东入海）	陆游
61	四时田园杂兴（昼出耘田夜绩麻）	范成大
62	四时田园杂兴（梅子金黄杏子肥）	范成大
63	小池（泉眼无声惜细流）	杨万里
64	晓出净慈寺送林子方（毕竟西湖六月中）	杨万里
65	春日（胜日寻芳泗水滨）	朱熹
66	观书有感（半亩方塘一鉴开）	朱熹
67	题临安邸（山外青山楼外楼）	林升
68	游园不值（应怜屐齿印苍苔）	叶绍翁
69	乡村四月（绿遍山原白满川）	翁卷

70	墨梅（我家洗砚池头树）	王冕
71	石灰吟（千锤万凿出深山）	于谦
72	竹石（咬定青山不放松）	郑燮
73	所见（牧童骑黄牛）	袁枚
74	村居（草长莺飞二月天）	高鼎
75	己亥杂诗（九州生气恃风雷）	龚自珍

7~9	年级（61篇）	
1	关雎（关关雎鸠）	《诗经》
2	蒹葭（蒹葭苍苍）	《诗经》
3	十五从军征（十五从军征）	汉乐府
4	观沧海（东临碣石）	曹操
5	饮酒（结庐在人境）	陶潜
6	木兰辞（唧唧复唧唧）	北朝民歌
7	送杜少府之任蜀州（城阙辅三秦）	王勃
8	登幽州台歌（前不见古人）	陈子昂
9	次北固山下（客路青山外）	王湾
10	使至塞上（单车欲问边）	王维
11	闻王昌龄左迁龙标遥有此寄（杨花落尽子规啼）	李白
12	行路难（金樽清酒斗十千）	李白
13	黄鹤楼（昔人已乘黄鹤去）	崔颢
14	望岳（岱宗夫如何）	杜甫

15	春望（国破山河在）	杜甫
16	茅屋为秋风所破歌（八月秋高风怒号）	杜甫
17	白雪歌送武判官归京（北风卷地白草折）	岑参
18	酬乐天扬州初逢席上见赠（巴山楚水凄凉地）	刘禹锡
19	卖炭翁（卖炭翁）	白居易
20	钱塘湖春行（孤山寺北贾亭西）	白居易
21	雁门太守行（黑云压城城欲摧）	李贺
22	赤壁（折戟沉沙铁未销）	杜牧
23	泊秦淮（烟笼寒水月笼沙）	杜牧
24	夜雨寄北（君问归期未有期）	李商隐
25	无题（相见时难别亦难）	李商隐
26	相见欢（无言独上西楼）	李煜
27	渔家傲（塞下秋来风景异）	范仲淹
28	浣溪沙（一曲新词酒一杯）	晏殊
29	登飞来峰（飞来峰上千寻塔）	王安石
30	江城子（老夫聊发少年狂）	苏轼
31	水调歌头（明月几时有）	苏轼
32	渔家傲（天接云涛连晓雾）	李清照
33	游山西村（莫笑农家腊酒浑）	陆游
34	南乡子（何处望神州）	辛弃疾
35	破阵子（醉里挑灯看剑）	辛弃疾

36	过零丁洋	文天祥
37	天净沙·秋思（枯藤老树昏鸦）	马致远
38	山坡羊·潼关怀古（峰峦如聚）	张养浩
39	己亥杂诗（浩荡离愁白日斜）	龚自珍
40	满江红（小住京华）	秋瑾
41	《论语》12章（学而时习之；吾日三省吾身；吾十有五而志于学；温故而知新；学而不思则罔；贤哉回也；知之者不如好之者；不义而富且贵；三人行；子在川上曰；三军可夺帅也；博学而笃志）	
42	曹刿论战	《左传》
43	《孟子》三则（鱼我所欲也；富贵不能淫；天将降大任于是人也）	
44	《庄子》一则（北冥有鱼……亦若是则已矣）	
45	《礼记》一则（虽有佳肴）	
46	《列子》一则（伯牙善鼓琴……吾于何逃声哉？）	
47	邹忌讽齐王纳谏	《战国策》
48	出师表	诸葛亮
49	桃花源记	陶潜
50	与谢中书书	陶弘景
51	三峡	郦道元
52	杂说（四）	韩愈
53	陋室铭	刘禹锡
54	小石潭记	柳宗元
55	岳阳楼记	范仲淹

56	醉翁亭记	欧阳修
57	爱莲说	周敦颐
58	记承天寺夜游	苏轼
59	送东阳马生序（余幼时即嗜学……况才之过于余者乎?）	宋濂
60	湖心亭看雪	张岱
61	河中石兽	纪昀

あとがき

ここ数年恒例のように出していたエッセイ集だが、昨年は出さずじまいであった。執筆活動にかげりが見えてきたのかもしれないが、主に東日本大地震の影響もあったと思われる。あまり外にでかけずに、裡に籠もった二年間であった。

人は何を書くのだろうか。私はよく知っていることは書く気がしない。自分が何らかの意味で新たに知ったことを書くようだ。一言でいえば「未知との遭遇」である。些細な、ほんのちょっとしたことでも、そこに自分にとっての知的な興奮があれば書き留めておこうという気になる。

ただ、私にとっては「未知との遭遇」であり、知的興奮を覚えることでも、あるいは読者にとっては当たり前の、言挙げするに足らない、陳腐な事柄かもしれない。そうであれば読者に申し訳ない、というしかない。

逆の場合もあろう。私が喜々として述べていることが、全く理解出来ず、未知のまま不消化ということもあろう。それも読者に申し訳ない。

こうしてみると、本と読者とは、巡り会いとでも言うべき縁があるのだろう。小著を手にとってくれた人との幸せな邂逅を祈るばかりである。

日中関係はよくない。しかし、中国語に罪はない。ことばは相変わらず興味深い。知らない言葉、表現が容赦なく現れる。それらと付き合っているだけで時を忘れる。本書はそのようなわたしと中国語との、ここ二年間にわたる「未知との遭遇」を収めた。

現代中国語が専門でありながら、今回は「わたしと漢文と中国古典」（第四章）という一章を設けた。これは東京教育大学の先輩、大上正美氏に乞われて全国漢文教育学会において講演した概要である。中国古典の世界は、わたしは入り口を覗いただけであとは周辺をうろうろしたに過ぎないが、現代語学の立場からはこんな風な感想があるということを述べておくのもあながち無駄ではあるまいと考えたことによる。読者の寛容を乞いたい。

本書の第二章はいつもと違う文章が並んでいる。イラスト付の短い文章が続いている。この章はすべて上海のフリーペーパー「らくらくプレス」に掲載した記事から成る。原稿作成時には、さまざまなデータの提供もしていただいた。同紙編集部の竹村信之氏に感謝したい。また第四章「わたしと漢文と中国古典」の原稿としての初出も同紙である。

いつもエッセイ集のあちこちに配していた自筆のイラスト、今回は控えめにした。表紙と扉の五点、それに『中国語ジャーナル』誌に使ったものを合わせて計六点のみである。今回はさまざまな写真やポスター、車のプレートなどのイラストが本文中に豊富に登場したため、特に目休めのイラストも必要あるまいという判断による。

小著ながら、一書をなすまでには、多くの方々が手をさしのべてくれた。いつも中国のリアルタイムの言語情報を教えてくださる大谷俊典氏、私のホームページにときどき登場する岸弘子さん、いぶこみについてのよき話し相手である韓文晶さん、朱怡穎さん、また初校段階から原稿に目を通していただき、ご意見を頂いた蘇紅さん、末記ながら記してこれらの方々に感謝したい。

現代書館の吉田秀登氏には、この度も編集の労をとっていただいた。第一冊目である『雨がホワホワ』の上梓から早十年を越えるおつきあいである。ありがたいご縁というしかない。

相原　茂

二〇一三年師走

初出一覧 〈本書収録にあたり、必要な加筆、修正を加えたものがある〉

第一章　中国語を考える

1．未知との遭遇（『中国語ジャーナル』連載）／2．「フタ開け族」現わる（『中国語ジャーナル』連載）／3．発音をめぐって（『中国語ジャーナル』連載）／4．ピンイン 着けるか離すか（書き下ろし）／5．〃ダブルスラッシュを入れよ（書き下ろし）／6．増殖する中国語の語彙（『中国語ジャーナル』連載、「新語をつくりやすい中国語」改題）／7．～10．（筆者ホームページ、エッセイより）／11．中国「脳トレクイズ」の解き方（書き下ろし）

第二章 中国語　つれづれなるままに　〈すべて『上海らくらくプレス』紙に連載〉

第三章 日中いぶこみの影

1．親と子と孫（サーチナコラム）／2．完全犯罪（原題「だまされまいぞ」として、サーチナコラム）／3．日本と中国のちょっとしたやりとり（月刊 New Finance vol.42-7）他は筆者ホームページ、エッセイより

第四章　わたしと漢文と中国古典〈二〇一三年全国漢文教育研究会における講演を文字化し『上海らくらくプレス』紙に連載〉

相原　茂（あいはら　しげる）

一九四八年生まれ。東京教育大学大学院修士課程修了。中国語学専攻。明治大学助教授、お茶の水女子大学教授を経て、現在中国語教育の第一人者として活躍中。TECC中国語コミュニケーション協会代表。NHKラジオ、テレビの中国語講座も長年担当。

主な編著書に、『雨がホワホワ——中国語のある風景』『北京のスターバックスで怒られた話——中国語学エッセイ集』『ちくわを食う女——中国語学者の日中異文化ノート』『ひねもすのたり中国語——日中異文化　ことばコラム』『ふりむけば中国語』『マカオの回遊魚——痛快！　日中ことばコラム』（以上、現代書館）、『午後の中国語』『Ｗｈｙ？にこたえるはじめての中国語の文法書』（共著）（以上、同学社）、『中国語学習ハンドブック（改訂版）』（大修館書店）、『はじめての中国語』（講談社現代新書）、『中国語の学び方』『あ、知ってる中国語』（以上、東方書店）、『はじめての中国語学習辞典』『ときめきの上海』『発音の基礎から学ぶ中国語』（以上、朝日出版社）、『必ず話せる中国語入門』（主婦の友社）、『「感謝」と「謝罪」』（講談社）、『はじめての中国語「超」入門』（ソフトバンク新書）、『笑う中国人』（文春新書）など。

著者ホームページ　http://maoroom.jp/

中国語《ちゅうごくご》　未知《みち》との遭遇《そうぐう》

二〇一四年二月五日　第一版第一刷発行

著者　相原　茂
発行者　菊地泰博
発行所　株式会社現代書館
東京都千代田区飯田橋三－二－五
郵便番号　102-0072
電話　03（3221）1321
FAX　03（3262）5906
振替　00120-3-83725
組版　コムツー
印刷所　平河工業社（本文）
東光印刷所（カバー）
製本所　矢嶋製本
装幀　中山銀士
挿画　相原　茂

校正協力・西川　亘
 ISBN978-4-7684-5725-2

http://www.gendaishokan.co.jp/

活字で利用できない方のための
テキストデータ請求券
『中国語　未知との遭遇』